我国成人学习与教育的现状、问题及对策研究

WOGUO CHENGREN XUEXI YU JIAOYU DE XIANZHUANG
WENTI JI DUICE YANJIU

李锋亮 / 著

中国社会出版社
国家一级出版社·全国百佳图书出版单位

图书在版编目（CIP）数据

我国成人学习与教育的现状问题及对策研究 ／ 李锋
亮著 . —— 北京 ： 中国社会出版社，2024．11．—— ISBN
978−7−5087−7097−0

Ⅰ．G729.2

中国国家版本馆 CIP 数据核字第 2024B14D75 号

我国成人学习与教育的现状、问题及对策研究

终 审 人：程　伟
责任编辑：秦　健
装帧设计：时　捷
出版发行：中国社会出版社
　　　　　（北京市西城区二龙路甲 33 号　邮编 100032）
印刷装订：北京九州迅驰传媒文化有限公司
版　　次：2024 年 11 月第 1 版
印　　次：2024 年 11 月第 1 次印刷
开　　本：160mm×230mm　1/16
字　　数：76 千字
印　　张：7.25
定　　价：48.00 元

致　谢

本书得到了国家自然科学基金面上项目"远程高等教育投资的收益与风险"（项目号：72074131）的资助。

感谢余晨珺、吴楚舒、吴雨桐、翁凡萱等前期做了大量的数据与资料的收集与整合工作。

摘　要

在构建学习型社会、推进全民终身学习的时代背景下，本书使用统计分析、文本分析、比较研究等方法，以构建全民终身学习的教育体系和学习型社会、学习型城市为目标，关注学习体系资源，兼顾学习者活动过程和需求，分析了我国成人学习和教育发展动向和现存问题，得到如下重要发现并提出对策建议。

通过对我国成人教育体系和资源分布的分析与讨论发现，我国成人教育逐渐多元化，呈现按照学历类型、教育期望精细化与全面化的发展特征；与此同时，成人教育仍然存在未能充分调动国民终身学习积极性等问题。因此，相关部门与机构需要更好地认识到成人学习者的整体特征和内部差异，进一步完善成人学习与教育的制度支持、技术支持以及基础设施支持，鼓励并规范建立民办成人教育机构，开创成人教育新格局。

通过围绕我国成人学习者的特征、动机、障碍、学习行为等展开的分析与讨论发现，成人学习具有很强的主观性、独立性，因此需要通过不同的渠道和手段，持续激发成人学习者的学习动机，维系其对学习本身的兴趣，如此才能更好地保证成人学习者的学习效果。由于成人学习过程与其心理、生理状态息息相关，并受到来自社会环境、个人生活情境、学习环境以及学习方法的影响，因此，建议在激发成人学习动机的过程中，注重从学习主体出发，增强成人自我效能感，激发学习兴趣，注重塑造学习氛围，满足其实际的学习活动需要。

通过对若干发达国家在成人学习与教育发展过程中的经验分析与借鉴，建议首先建立连续、灵活的政策体系，推动终身教育立法，并在此基础上增加成人学习与教育的经费投入，多渠道开拓经费来源，扩大成人学习和教育的资金投入；需从研究、干预、机构联系、动员和活动、实施、监测和评价、宣传和引导等方面推动成人学习与教育发展；将惠及特殊困难群体作为重要优先事项，加强公民教育政策及课程建设，建立成人学习成果认证和学分转换机制，定期评估与监测。

针对成人教育不同利益相关方的特点，本书建议：在宏观方面，加强成人教育体系衔接，充分开发政府市场多主体合作资源，强化地区间协调发展，注重质量评估和追踪监管，尤其是加强成人非学历教育的规范与监管；在微观方面，坚持以人为本，厘清终身学习背景下的成人学习者应有观念，提升成人学习对于不同特征群体的包容度，加快各类学习型组织建设工作。

目　录

第一章 绪 论

近年来，构建学习型社会、推进全民终身学习在我国经济社会发展、创新型国家战略中的重要性日渐突出。2010年7月，国家中长期教育改革和发展规划纲要工作小组办公室印发《国家中长期教育改革和发展规划纲要（2010—2020年）》①，纲要发布后，成人教育在我国教育规划中的地位不断得到强化，而成人学习以构建全民终身学习的教育体系、学习型社会和学习型城市为依托②，和继续教育与学习、终身教育与学习以及其他相关理念与实践不断在相互交融中发展。而在国际上，以联合国教科文组织为代表的国际组织同样将成人学习与教育置于终身学习体系中，专门针对被其所属社会视为成年的群体，提高其技术或专业资质，进一步发展能力、丰富知识，完成某一阶段的正规教育或提升其在特定领域的素养。③

---

① 国家中长期教育改革和发展规划纲要工作小组办公室.国家中长期教育改革和发展规划纲要（2010—2020年）［EB/OL］.（2010-07-29）［2021-08-30］.http：//www.moe.gov.cn/srcsite/A01/s7048/201007/t20100729_171904.html.

② 彭刚.论终身教育公民学习权的实现［J］.现代远程教育研究，2016，4（1）：27-32+61.

③ 联合国教科文组织.关于成人学习与教育的建议书/Recommendation on Adult Learning and Education［EB/OL］.（2016-02-08）［2021-08-01］.https：//unesdoc.unesco.org/ark：/48223/pf0000245179.

在这样的背景下，本书将综合多种不同研究方法，基于相关的政策文本、文献、数据以及国际经验，对我国成人学习与教育的现状与问题展开研究。

一、背景分析

（一）国际发展情况

国际组织或跨国组织对于成人学习和教育的定义与规范，往往成为各国政府发展成人教育的重要参考。联合国教科文组织（UNESCO）指出成人学习与教育（Adult Learning and Education）包含旨在确保所有成人能够参与其所属社会及劳动市场的各种形式的教育和学习[①]。其认为成人学习与教育包括"继续教育"与"再教育"，包括各种正式和非正式、正规和非正规的学习过程，即获取、认识、交流和调整能力的持续活动和进程。在外延方面，成人学习与教育是终身学习的核心内容，是学习型社会的重要基石，也是创建学习型社区、城市和地区的重要基石。欧盟成人教育协会（EAEA）也作出了类似的定义与阐释。[②]

---

① 联合国教科文组织. 关于成人学习与教育的建议书/Recommendation on Adult Learning and Education［EB/OL］.（2016-02-08）［2021-08-01］. https：//unesdoc. unesco. org/ark：/48223/pf0000245179.

② European Association for the Education of Adults. Manifesto for Adult Learning in the 21st Century：The Power and Joy of Learning［EB/OL］.（2019-03-29）［2021-09-25］. https：//eaea. org/our-work/influencing-policy/manifesto-for-adult-learning-in-the-21st-century/.

在范畴上，2015 年，欧盟将"成人"定义为中止或完成初始的职前教育的群体，包含参与继续教育或辍学退学的群体①。2016 年，联合国教科文组织正式发布了《关于成人学习与教育的建议书》(*Recommendation on Adult Learning and Education*)，成为国际上成人学习与教育发展的纲领性文件。其关注到成人学习与教育的类型差别很大，因此建议从群体特征和学习目的特征两方面对成人学习与教育进行区分——成人学习与教育既包括面向职业发展的继续教育与培训和形成积极公民意识的社区教育，又包括针对"从未就学者、过早退学者和辍学者"开展的成人扫盲、基本技能训练等再教育活动。因此，成人学习与教育既具有教育方面的补习功能，帮助那些在最初没有完成启蒙教育的人继续教育和培训，以获得进一步的教育和资格，又具有发展功能，即提高或更新整个人群的技能；同时还有社会和公民功能，即支持社区建设并提供机会进行社会交往互动。学习者既有可能是青年，也有可能是成年人，退休人口和 65 岁及以上的老年群体也在其范围内，而且针对高龄群体和残障人士等特殊困难群体的包容度也是成人学习与教育需要关注的重点。此外，信息技术在成人教育中的地位不可小觑，有效利用技术促进成人学习与教育是促进社会公平和包容的重要手段。不仅能够帮助特殊困难群体克服困难获得学习机会，"减少对传统正规教育结构的依赖"，更能够实现"个性化学习"。

---

① European Union. Adult learners in digital learning environments［EB/OL］. (2015 - 08 - 26)［2021 - 09 - 07］. https：//www.voced.edu.au/content/ngv：69850.

在意义与效益方面，按照人力资本理论①，个体通过成人学习与教育培养提高自身在劳动力市场中的获利能力以及在生活中的消费能力，这既符合个体自身的利益，也对其所属集体即社区或社会组织有重大裨益；成人学习和教育还对消除贫困、改善健康和福祉、促进可持续的学习型社会发展有着重要意义，是实现学习型社会公平有序健康发展的重要工具。

联合国教科文组织进行了成人教育政策信息机构梳理②、学习型城市网络建设③等工作，近年集中于加强全球各国成人学习和教育政策实施情况和相关信息共享机制建设。联合国教科文组织终身学习研究所（UNESCO Institute for Lifelong Learning, UIL）于1951年正式成立了全球成人学习文献和信息网络（AL-ADIN），覆盖全球50多个国家和地区的100多家信息服务机构，加强信息能力建设，其为全球图书馆等文献管理和信息服务机构提供成人学习与教育领域的政策和机构信息共享。④ 其中，我国有两家机构加入了这一网络，分别是北京教育科学研究院职业教育与成人教育教学研究中心和天津开放大学。此外，终身

---

① BECKER G S. Human capital: a theoretical and empirical analysis, with special reference to education [M]. New York: Columbia University Press, 1964;

SCHULTZ T W. The economic value of education [M]. New York: Columbia University Press, 1964.

② UIL. ALADIN: Adult Learning Documentation and Information Network [EB/OL]. [2021-09-20]. https://uil.unesco.org/library/aladin.

③ 张永，马丽华，高志敏. 新世纪中国成人教育发展的成就、挑战与路向：基于 UNESCO 学习型城市六大支柱的视角 [J]. 开放教育研究，2013，19（5）：30-37.

④ UIL. ALADIN: Adult Learning Documentation and Information Network [EB/OL]. [2023-08-28]. https://uil.unesco.org/education/aladin.

学习研究所还于 2015 年创建了全球学习型城市网络，已覆盖全球 200 余个城市，促进成员城市间的政策对话和相互学习，支持和推动有关城市的终身学习实践等。① 目前，中国共有 9 个成员城市加入了这一网络，并有逐步扩大之势。②

全球范围内，随着技术与理念的发展，教育的尺度和形态也在发生变化，因此带动了成人学习与教育的较快发展。2009 年，联合国教科文组织发布了《成人学习和教育全球报告（一）》③，并促成了《贝伦行动框架》的制定，随后的《成人学习和教育全球报告（三）》对于成人学习在人类健康、劳动就业、社会和谐发展等方面起到了重要的推动作用。④⑤ 在此基础上，2019 年联合国教科文组织发布了《成人学习和教育全球报告（四）》⑥，指出不平等问题成为成人学习发展急需解决的

① UIL. UNESCO Global Network of Learning Cities（GNLC）［EB/OL］. （2022-09-02）［2023-08-28］. https：//www. unesco. org/en/articles/unesco-global-network-learning-cities-77-new-members-44-countries-0.

② 教育部. 联合国教科文组织正式启动 2021 年全球学习型城市网络申报工作［EB/OL］. （2021-09-24）［2022-05-06］. http：//www. moe. gov. cn/jyb_xxgk/s5743/s5744/A23/202109/t20210924_566502. html.

③ UIL. Global Report on Adult Learning and Education（GRALE 1）［EB/OL］. Germany：UNESCO Institute for Lifelong Learning（2009-09-08）［2021-07-10］. https：//unesdoc. unesco. org/ark：/48223/pf0000186431.

④ UIL. Third Global Report on Adult Learning and Education（GRALE 3）［EB/OL］. Germany：UNESCO Institute for Lifelong Learning（2016-09-08）［2021-07-10］. https：//uil. unesco. org/adult-education/global-report/third-global-report-adult-learning-and-education-grale-3.

⑤ 刘奉越. 全球成人学习与教育发展的挑战及应对：基于 GRALE Ⅲ 的分析［J］. 河北大学学报（哲学社会科学版），2017，42（1）：49.

⑥ UIL. Fourth Global Report on Adult Learning and Education（GRALE 4）［EB/OL］. Germany：UNESCO Institute for Lifelong Learning（2019-12-03）［2021-05-20］. https：//unesdoc. unesco. org/ark：/48223/pf0000372274.

问题，成人学习与教育的参与水平在各国之间依然差距巨大，在成人学习与教育质量及相应的立法、认证工作方面进展缓慢。且在全球层面，成人学习和教育相关信息采集和分析工作亟待加强，各国普遍缺乏成人学习相关数据，尤其是农村地区、低收入群体、高龄群体及残障群体等薄弱地区和特殊困难群体成为成人学习和教育的薄弱环节。其中，亚太地区的相关政策发展较为薄弱，成人学习、教育政策和治理方面有待提升①。

世界经济论坛继对工业4.0、全球化4.0的讨论之后，又推出了"教育4.0"倡议——提倡将学习内容和学习体验转化为面向未来的需求。在"教育4.0"这个全球倡议中，"终身学习及以学习者为中心的学习"（lifelong and student-driven learning）作为学习体验的重要组成部分，认为以往人的学习和技能随着年龄增长而消减的情形无法跟上未来经济社会发展的需求，因此应当让每个人都能基于个人需求不断提升现有技能并获得新技能②③。

———————

① 郭中华. 全球成人学习和教育的现实挑战与行动策略：基于《成人学习和教育全球报告（四）》的探讨 [J]. 继续教育研究，2021 (5)：1-6.

② World Economic Forum. Schools of the Future：Defining New Models of Education for the Fourth Industrial Revolution [EB/OL]. Switzerland：World Economic Forum （2020-01-14）[2021-07-10]. https：//www.weforum.org/reports/schools-of-the-future-defining-new-models-of-education-for-the-fourth-industrial-revolution.

③ 宫新荷，曹伟慈. 教育4.0时代我国成人教育发展的思考 [J]. 成人教育，2021，41 (6)：6-10.

（二）国内发展情况

1. 历史发展

中华人民共和国成立以来，我国成人教育的改革发展大致可分为六个阶段①②③。

起步阶段（中华人民共和国成立至改革开放前）：1949—1965 年，我国的成人教育从无到有，相关教育活动先后被称为社会教育、工农教育、业余教育。教育部设立社会教育司等相关机构。扫盲和农村成人教育是这一阶段的发展重点，农村地区多为季节性的业余学习，在这一过程中有部分地区逐步发展出了常年性的业余学习机构与机制，在原有基础上丰富了学习形式。职工业余教育、函授和夜大等成人高等教育逐步建立。关于改革学制的决定④以法令形式确立了成人教育在教育体系中的地位，成人教育体系初步成形。

恢复阶段（1977—1986 年）：1977 年以后，一系列的恢复和改革措施促进了成人教育发展。教育部的工农教育局改为成人教育司，形成了相对独立的管理机构；中央还建立了职工教育管理委员会，全国开展"双补"教育（对 1966 年后进厂青壮

---

① 王晓丹，侯怀银. 新中国成立七十年来中国成人教育改革的回顾与展望［J］. 中国成人教育，2020（3）：8–15.

② 张有声. 中国改革开放 40 年的成人教育［EB/OL］. 中国成人教育协会（2019 – 03 – 19）［2021 – 05 – 20］. https：//www. caea. org. cn/newsinfo/952290. html.

③ 谢俐. 中国共产党领导下的继续教育改革发展百年探索与经验启示［J］. 中国职业技术教育，2021（16）：5–10.

④ 中央人民政府政务院关于改革学制的决定（一九五一年八月十日政务院第九十七次政务会议通过）［N］. 人民日报，1951–10–03.

年职工的基础文化和岗位技术进行教育与补习），为职工岗位培训、职业资格证书制度奠定基础。恢复扫盲与农村成人教育、恢复成人高等教育方面都有新的突破：大幅扫除青壮年文盲，发展了乡镇成人文化技术学校，并且在发展广播电视大学和自学考试两大领域获得了巨大进展。同时，政府开始鼓励社会力量办学。

探索阶段（1987—1991年）：1986年后，成人高考"标准化"、考试难度提升造成工学矛盾等原因使得成人高等学历教育进入了一个相对"低谷期"，促使成人教育界的反思与调整。《国家教育委员会关于改革和发展成人教育的决定》① 指导了1987年至1991年这一阶段的成人教育改革，强调简政放权、中央部门综合协调、团结发动社会力量。在这个阶段，建立岗位培训制度、继续教育制度并与国际接轨，扫盲与农村成人教育、成人高等教育等进一步发展，并且着重在办学效益与质量的提升上。

提升阶段（1992—1997年）：1992年，党的十四大报告指出"积极发展职业教育、成人教育和高等教育，鼓励自学成才"②，引发了又一轮的成人教育大发展。1995年《中华人民共和国教育法》③ 首次明确"国家实行职业教育制度和成人教育制

---

① 国家教育委员会关于改革和发展成人教育的决定 [J]．高师函授，1987（5）：2-6．

② 加快改革开放和现代化建设步伐，夺取有中国特色社会主义事业的更大胜利：江泽民在中国共产党第十四次全国代表大会上的报告 [EB/OL]．(1992－10－12)[2022－05－06]．https：//fuwu. 12371. cn/2012/09/26/ARTI1348641194361954_ all. shtml.

③ 中华人民共和国教育法 [N]．人民日报，1995-03-22．

度",这是成人教育首次被作为"新型教育制度"提出,其地位得到了法律的明确。在这一阶段,成人教育的管理体制逐步转为国家、省部"两级管理、分级负责"。继续教育体系逐步形成,包含企业、高校、社会机构等办学主体。扫盲与农村成人教育的重点是基本扫除青壮年文盲,并形成了县、乡、村三级网络。成人高等教育改革则进一步提高质量。这一阶段进一步强调了成人教育制度体系的建设。

调整阶段(1998—2009 年):这一阶段我国人才供求关系开始变化,人们对教育的需求也更加多样化。1998 年,《面向 21 世纪教育振兴行动计划》① 提出,终身教育是教育发展与社会进步的共同要求;要建立和完善继续教育制度,适应终身学习和知识更新的需要;要实施"现代远程教育工程",形成开放式教育网络,构建终身学习体系。成人教育管理也发生了较大的变化,教育部成人教育司与职业教育司合并为职业教育与成人教育司,原成人教育司的大部分职能则被"分解"到发展规划、基础教育、高等教育、高校学生四司中,各级政府、企业、镇村的成教机构也相应撤并。至此,我国成人教育体系由普通高校举办的函授、成人高校举办的业余和脱产、广播电视大学和部分试点高校举办的现代远程教育和自学考试等多种学习形式共同构成。2000 年,全国社区教育实验工作开展,成人教育发展进入崭新阶段。2002 年,党的十六大报告就"全民学习""终

---

① 全面振兴教育事业 实施科教兴国战略:《面向 21 世纪教育振兴行动计划》主要目标和任务 [N]. 人民日报,1995-03-22.

身学习""学习型社会"提出新要求①,成人教育改革向新方向发展。

转型阶段(2010年至今):2010年以来,国家对成人教育注重制度建设。2010年《国家中长期教育改革和发展规划纲要(2010—2020年)》②提出:到2020年,基本实现教育现代化,基本形成学习型社会,进入人力资源强国行列;加快发展继续教育,拓展了社区教育、成人教育、老年教育、远程教育、自学考试和广播电视大学等诸多内容,规划进一步扩大全民终身学习机会。2012年,国家开放大学在原广播电视大学的基础上挂牌,继续面向社会成员提供学历及非学历继续教育。同年,《成人教育培训服务术语》③《成人教育培训工作者服务能力评价》④《成人教育培训组织服务通则》⑤三项标准正式发布,成人教育培训服务等三项标准成为我国制定的第一组教育培训服

① 江泽民同志在党的十六大上所作报告全文[EB/OL].共产党员网(2002-11-08)[2022-05-06].https://fuwu.12371.cn/2012/09/27/AR-TI1348734708607117_all.shtml.

② 国家中长期教育改革和发展规划纲要工作小组办公室.国家中长期教育改革和发展规划纲要(2010—2020年)[EB/OL].(2010-07-29)[2021-08-30].http://www.moe.gov.cn/srcsite/A01/s7048/201007/t20100729_171904.html.

③ 成人教育培训服务术语[EB/OL].(2013-02-01)[2021-08-30].http://std.samr.gov.cn/gb/search/gbDetailed? id=71F772D80389D3A7E05397BE0A0AB82A.

④ 成人教育培训工作者服务能力评价[EB/OL].[2021-08-30].http://std.samr.gov.cn/gb/search/gbDetailed? id=71F772D8030AD3A7E05397BE0A0AB82A.

⑤ 成人教育培训组织服务通则[EB/OL].[2021-08-30].http://std.samr.gov.cn/gb/search/gbDetailed? id=71F772D7E787D3A7E05397BE0A0AB82A.

务国家标准。①② 2015 年，《中国学习型城市建设发展报告 2015》③ 提出发展成人继续教育，为学习型城市建设奠定实践基础。同年，《中华人民共和国教育法》以"继续教育"取代"成人教育"④，这是成人教育转型的重要标志。2019 年，中共中央、国务院印发《中国教育现代化 2035》。该文件提出为构建服务全民的终身学习体系需要完善制度环境，在招生入学、弹性学习、转换渠道和学分及成果认证等方面完善继续教育制度，建立国家资历框架和跨部门跨行业的工作机制和专业化支持体系。

本书依据统计资料绘制了成人教育学校（机构）及学生数量变迁，如图 1-1 所示。从图 1-1 可以看到，自 1985 年起，我国成人教育事业整体呈现分层推进的稳定态势。从图 1-1 还可以看到成人小学在读学生规模率先于 1990 年达到顶峰，这是因为扫盲是我国成人学习与教育早期发展的重要组成部分；而随着我国教育事业发展、识字率提升，扫盲教育的比重和数量整体下降，近 10 年间所占比例一直处于较低的状态。与之形成鲜明对比的是成人本专科学生人数的增长态势，一方面体现了我

---

① 中国成人教育协会．关于制定实施成人教育培训服务三项国家标准的背景及意义 ［EB/OL］．（2013-07-25）［2021-08-30］．https：//www.caea.org.cn/newsinfo/989001.html.

② 教育部办公厅关于做好成人教育培训服务等三项国家标准贯彻实施有关工作的通知 ［EB/OL］．（2013-01-22）［2021-08-30］．http://www.moe.gov.cn/srcsite/A07/zcs_cxsh/201301/t20130122_147390.html.

③ 中国成人教育协会．中国学习型城市建设发展报告 2015 ［R］．杭州：西泠印社出版社，2015.

④ 中华人民共和国教育法 ［N］．人民日报，2016-02-23.

国高等教育大众化和普及化的成果，另一方面也说明成人学历教育为我国高等教育大众化和普及化的实现作出了重要贡献。同时，非学历教育类的成人教育机构和学生数量又远高于学历教育的情况，凸显了成人非学历教育的形式灵活、成本低、知识门槛要求低以及覆盖程度广等特征。然而近 20 年来，原本数量最大的农村成人文化技术培训机构和学生数都快速下降，职工技术培训机构也出现相同的下降趋势。图 1-1 一定程度上体现了我国在建立适合学习者特点、学习方式需求的成人教育体系的过程。

2. 发展现状

当前，推动学习型社会的建设，促进"人口红利"向"人才红利"的转型是我国的重要发展战略，而成人学习与教育是国家发展战略中的重要一环。在学习型社会建设中，需建立适合学习者特点、学习方式需求的成人教育体系。[①] 2010 年发布的《国家中长期教育改革和发展规划纲要（2010—2020 年）》是我国目前成人学习与成人教育的纲领性文件。[②] 该文件将继续教育定义为"面向学校教育之后所有社会成员的教育活动"，将成人教育活动作为"终身学习体系的重要组成部分"加以强调，并指出要"更新继续教育观念，加大投入力度，以加强人力资源

---

① 罗永彬，陈笑笑.学习型社会背景下成人高等教育自主学习问题和调查研究［J］.中国成人教育，2010，4（16）：115-116.

② 国家中长期教育改革和发展规划纲要工作小组办公室.国家中长期教育改革和发展规划纲要（2010—2020 年）［EB/OL］.（2010-07-29）［2021-08-30］.http：//www. moe. gov. cn/srcsite/A01/s7048/201007/t20100729_ 171904. html.

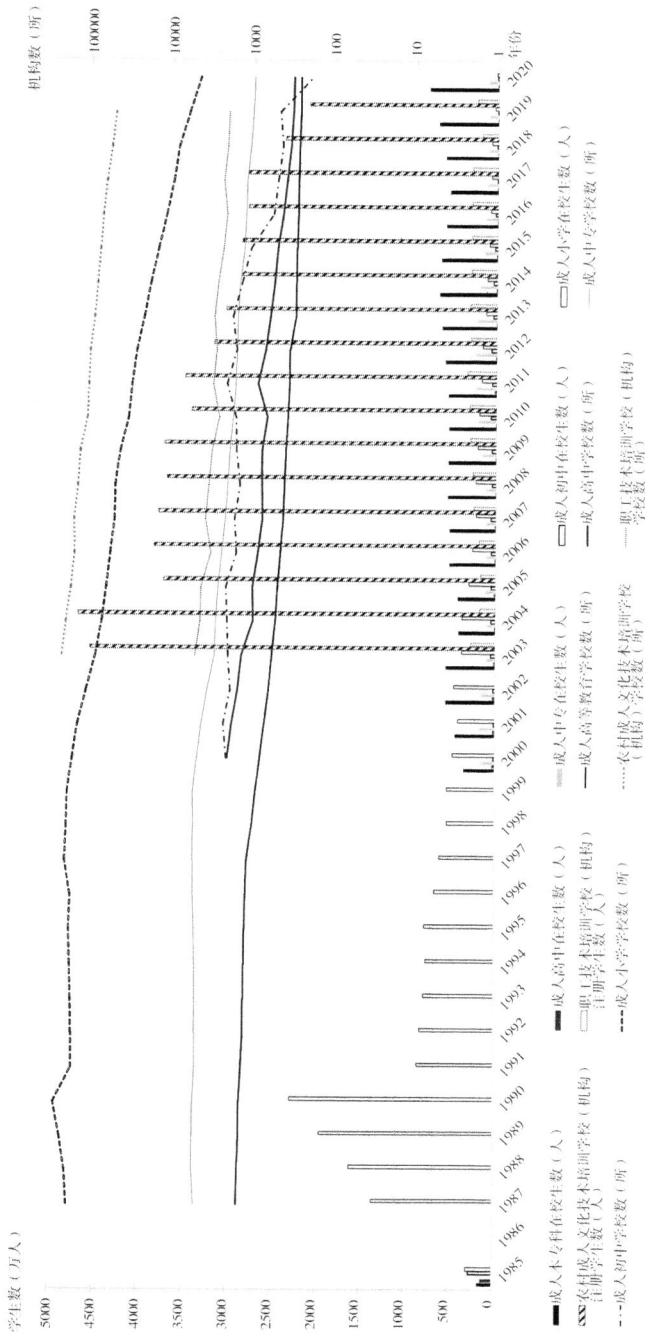

图1-1 成人教育学校（机构）及学生数量变迁

资料来源：教育部，EPS平台。

能力建设为核心"。该文件强调贯通终身教育体系，贯通国民教育与终身教育、正规教育和非正规教育、线上学习与线下学习等不同教育体系，构建协调政府主导、市场参与、学术支撑和公民个人责任的治理机制，破除成人教育在评价和认定机制等方面与普通教育存在的"壁垒"，推进教育实践深化。该文件提出要"统筹扩大继续教育资源"，且明确指出要"构建灵活开放的终身教育体系"，就要"促进各级各类教育纵向衔接、横向沟通"，并着重指出要重点发展老年教育、社区教育、远程教育等，以"搭建终身学习'立交桥'"，"满足个人多样化的学习和发展需要"。

在《国家中长期教育改革和发展规划纲要（2010—2020年）》发布的同一年，我国还发布了白皮书《中国的人力资源状况》。① 该白皮书同样强调了成人学习与教育的重要地位，指出我国尚未实现"由人力资源大国向人力资源强国"的转变，因此要构建完备的终身教育体系，以促进教育公平为重点、以提高教育质量为核心，让全体人民学有所教、学有所成、学有所用。

在上述两个重要文件的推动下，近年来，我国成人教育在职业教育、社区教育、农村教育、老年教育等不同领域得到发

---

① 中华人民共和国国务院新闻办公室．中国的人力资源状况白皮书［EB/OL］．（2010-09-10）［2021-09-25］．http：//www.scio.gov.cn/ztk/dtzt/36/3/Document/758636/758636.htm.

展，校企合作等创新多元主体合作也以共建学习型社会为契机展开。①② 我国以开放大学（原广播电视大学体系）为代表的远程开放与成人教育机构发展迅猛，相应的法规政策也不断完善。2021 年，针对面向成人开展的非学历教育培训机构中存在的问题，教育部印发了《关于加强社会成人教育培训管理的通知》③，强调成人非学历教育培训行业自律，引导各类型、各层次面向成人的非学历教育培训机构把社会效益、育人属性放在首位和根本的位置，具体从"名称使用、招生管理、培训内容、师资团队、培训模式、经费管理、安全管理"等方面作出了明确的规定。

（三）国内外相关概念与理念的比较

无论是国外还是国内都异常关注成人学习与教育。表 1-1 对国内外成人学习与教育的相关概念与理念进行了比较。从表中可以看到，我国成人学习和教育的发展理念与国际情况基本一致，但也有两点明显的差异：其一，在正式和非正式、正规和非正规、远程和面授等教育类型以及终身教育体系中的融通、联通上存在一定的缺失；其二，在发展意义上我国更加重视成人学习与教育服务于国家宏观层面的人力资源强国建设——促

---

① 李少兰，吴南中. 近十年我国成人教育研究热点及其演变路径：基于《成人教育学刊》2010—2020 年收录文献的 CiteSpace 分析［J］. 成人教育，2022，42（1）：1-11.

② 陈联，黄赐英. 校企合作继续教育的意义、困境及策略［J］. 继续教育研究，2020（2）：1-4.

③ 教育部. 教育部部署加强社会成人教育培训管理［EB/OL］.（2021-07-19）［2021-09-25］. https：//www. caea. org. cn/newsinfo/1718848. html.

进国家"人口红利"向"人才红利"的转型，而国外更加注重学习者个体获得更加广泛的学习机会。

表 1-1　国内外成人学习和教育发展理念归纳

	学习主体	内涵	类型	外延	意义
国外	一般指具有社会意义的成人，区分标志为中止或完成初始的职前教育	包括各种正式和非正式、正规和非正规的学习过程，即获取、认识、交流和调整能力的持续活动和进程	群体/目的：职业教育、社区（大众）教育、老年教育、扫盲教育等渠道/方式：广泛利用信息技术	是终身学习的核心内容，是学习型社会的重要基石，也是创建学习型社区、城市和地区的重要基石	确保学习者个体都能够参与其所属社会或劳动市场的学习机会；促进社会公平良性发展，提升社会包容度
国内	学校教育之后所有社会成员	—	重点发展老年教育、社区教育、远程教育，贯通国民教育与终身教育等不同教育体系	是终身学习体系的重要组成部分	促进国家"人口红利"向"人才红利"的转型，以促进教育公平为重点，以提高教育质量为核心
比较	一致	有明显的差异	基本一致	基本一致	有一定的差异

二、文献分析

（一）理论变迁

早在 19 世纪，成人学习与教育的概念就已被提出；而关于

成人学习与教育的理论研究则起源于 20 世纪初。①②③ 被誉为
"教育心理学之父"的美国心理学家桑代克进行了大量有关成人
学习者的研究，并将成果总结在《成人的学习》和《成人的兴
趣》两部著作中，开创了对成人学习者进行实证研究的先河。④
桑代克的研究内容涵盖成人学习者的学习能力、学习质量、学
习兴趣等，对后来的成人教育研究与实践都产生了重要且深远
的影响。在桑代克之后的 50 年里，成人学习者的理论研究缓步
进展，相关研究多以"成人教育"、"成人学习"或"Adult
Learning and Education"、"Andragogy"为着眼点，即与学校教育
阶段、学生身份下的正式学习作出区分的一种学习与教育的形
式。直至 1970 年，美国著名教育家诺尔斯（Knowles）将成年人
视作独特的学习群体，分析其学习心理倾向、学习认知过程、
学习任务目标等，捕捉成人学习与教育的本质和过程，并提出
应以成人的学习需要为中心制定教学策略。⑤ 诺尔斯指出所谓
"成人"可从社会与心理两个层面理解，成人教育的施行是出于

①　丁保朗. 成人教育、继续教育、终身教育概念之诠释［J］. 成人高教
学刊，2006（2）：33-35.
②　MERRIAM S B. Andragogy and Self－Directed Learning：Pillars of Adult
Learning Theory［J］. *New Directions for Adult and Continuing Education*，2001
（89）：3-14.
③　高志敏，宋其辉. 成人学习研究考略：基于梅里安的追述［J］. 河北
大学成人教育学院学报，2006，4（1）：5-11.
④　何光全，何思颖. 桑代克：成人学习心理学的开创者［J］. 终身教育
研究，2020，31（4）：70-79.
⑤　邓叶丽. 西方成人学习理论及对中国成人教育的启示［J］. 成人教
育，2013，33（9）：125-126.

个人、组织与社会三个层面的发展性利益。① 诺尔斯提出成人具有自我概念、丰富经验、社会角色任务、以解决问题为中心和内在驱动五大假设②，自我导向学习（Self-direct learning）研究也在同期不断丰富——为后来的成人学习与教育（Adult learning and education）相关研究与实践发展奠定了重要基础③，并与传统的儿童学习、教育学有了明显的区分。④⑤ 这样面向成人学习者的理论迈出了重要的一步，成人教育学的理论模型基本建构，并对国际以及中国的成人教育实践工作产生了极大的影响。目前国际相关研究中所谓的"成人"，重点并非生理意义上的年龄阶段，更多是社会身份的代指。⑥⑦

在我国，直至20世纪70年代之后，成人教育相关的研究才

① KNOWLES M S. *The Modern Practice of Adult Education：From Pedagogy to Andragogy* ［M］. New York：Cambridge, The Adult Education Company, 1980.

② 王海东. 美国当代成人学习理论述评［J］. 中国成人教育, 2007（1）：126-128.

③ MERRIAM S B. Andragogy and Self-Directed Learning：Pillars of Adult Learning Theory ［J］. New Directions for Adult and Continuing Education, 2001（89）：3-14.

④ MERRIAM S B. Andragogy and Self-Directed Learning：Pillars of Adult Learning Theory ［J］. New Directions for Adult and Continuing Education, 2001（89）：3-14.

⑤ 高志敏, 宋其辉. 成人学习研究考略：基于梅里安的追述［J］. 河北大学成人教育学院学报, 2006, 4（1）：5-11.

⑥ MILANA M. Adult Education for Democratic Citizenship：A Review of the Research Literature in 9 European Countries：Synthesis report ［M］. Copenhagen, Denmark：Danmarks Pædagogiske Universitets Forlag, 2007：158.

⑦ 龙汛恒, 张妙华, 武丽志. 成人教育与继续教育：概念的内涵与发展［J］. 中国成人教育, 2013（14）：5-8.

随着成人教育学科的建设以及相关研究机构的建立而逐渐发展起来。① 20世纪80年代，涵盖成人学习的终身学习理论在我国不断发展，学习型城市建设成为学术研究的热点话题，并且延续至今。成人教育作为覆盖群体最广的教育类型，不仅是终身教育的重要环节，对于实现全民学习、终身学习有着不可替代的作用②，而且被认为是实现公民学习权利的必经之途。③ 总体而言，我国对成人学习者的理论研究在近年来取得了一定的进展。根据中国知网等文献搜索平台的统计结果，截至2020年，我国在成人教育方面的学术论文发表总量接近19万篇，其中学位论文将近1300篇，研究文献的数量在1991年后呈现明显的增长趋势。在研究方法方面，我国的成人学习与教育的研究经历了从概念辨析、案例分析、观察走访向定量分析的转变。相较于国际而言，我国的相关研究的论文数量虽逐年递增，但研究内容缺乏较强创新性，国际参与度也需进一步提高。

（二）成人学习者特征

成人学习与教育理论认为，成人学习者具有特定的心理和行为方面的特征，并在很大程度上影响其学习结果。综合成人学习者的相关研究文献，可将成人学习者的特征总结为以下四点：第一，成人学习者具有强烈的独立自主的"自我概念"。因

---

① 孙立新，乐传永．嬗变与思考：成人教育理论研究70年［J］．教育研究，2019，40（5）：123-132.

② 董永芳．成人学习的社会需求现状与对策研究［J］．中国成人教育，2015，4（19）：150-152.

③ 彭刚．论终身教育公民学习权的实现［J］．现代远程教育研究，2016，4（1）：27-32+61.

此，成人学习者的学习动机通常是自发的、主观的，其自我学习过程是自我驱动式的，受外界环境的影响相对较少。第二，成人学习者具有丰富多样且充满个性的经验。这些经验可能成为成人学习者学习活动独享或共享的学习资源，也可能为成人学习者提供学习指导。第三，成人学习者具有适应其职责与社会变化的学习意向，即成人学习需求、学习动机的形成，一方面会直接基于个人履行特定社会角色或适应社会角色变化的要求，另一方面又会直接源于社会、经济等外部变化的要求。第四，成人具有注重现实的时间观念。因此，成人学习者的学习追求通常是即时的、能快速应用的知识技能。总体而言，成人学习者在学习过程中表现出来自自身经验和外部环境的双重影响，并在生理、心理等多维特征中表现出来。把握成人学习者的特征，对于有效开展成人学习而言十分重要。

正是由于成人学习与教育在发展中呈现其独特的实践特征，因此，我们不仅应关心成人学习者的个体特征，还应注重成人学习的现实情境。

学习者动机方面，冯丽华等人对成人学习动机的国外研究进行了总结，将其分为求知兴趣、职业发展、服务社会与外界期望四个类别，并通过调查发现，在我国外在因素是影响学习行为的主要因素，以学历为导向的职业发展是最为普遍的学习动机，但不同年龄段、受教育程度、性别乃至个性的成人学习者的主要学习动机均有所差异。[1]

---

① 冯丽华，段建，杨玉宇. 成人学习动机调查及分析［J］. 中国成人教育，2010（16）：106-107.

学习方式方面，远程教育为公民学习权的实现提供了一种新的媒介和载体，突破了传统教育中的时空局限性，使学习者真正成为教育过程中的主动建构者、评价者、决策者。高艳等从学习的动机、方法和意愿、自我监控、自我评价等环节，结合学习者自身、培训机构和监管部门等多主体进行了考察并提出相应建议。① 章玳等则针对在线教育的提供方提出了改进自主式教学的具体建议，从学习目标计划、自我认知、自我控制、学习效果等角度构建了自主学习情况的结构性量表。②

（三）现存问题

《国家中长期教育改革和发展规划纲要（2010—2020 年）》③提出：10 年以来，我国成人教育体系获得了长足发展，成人学历教育体系日益完备，学历教育中心逐渐转向高等教育，成人中小学在校生人数下降；非学历教育积极服务"乡村振兴"等国家战略，社区教育三级办学网络基本形成，老年教育三级体系初步形成。然而，我国的成人学习与教育体系还存在着一些问题亟待解决，现有国内文献对存在的问题进行了讨论。综合来看，我国成人学习与教育发展过程中现存问题可概述为从宏观的教育体系资源到中观的参与主体再到微观的学习资源。

---

① 高艳，郭方玲，陈丽. 成人网络学习质量调查分析 [J]. 中国成人教育，2012（4）：88-90.

② 章玳，赵倩，杨晓焱. 基于在线课程的成人自主学习调查分析 [J]. 成人教育，2016，36（3）：32.

③ 国家中长期教育改革和发展规划纲要工作小组办公室. 国家中长期教育改革和发展规划纲要（2010—2020 年）[EB/OL].（2010-07-29）[2021-08-30]. http://www.moe.gov.cn/srcsite/A01/s7048/201007/t20100729_171904.html.

　　宏观层面，各级各类成人教育衔接不畅，成人学习与教育体系尚待完善；未充分开发政府市场多主体合作资源，发挥社区教育机构、县级职业教育中心、老年教育机构的作用。①② 而且，不同地区之间的经费投入差异较大，个体的学习需求、活动、效率等细分数据不足。此外，监管滞后，成人教育质量参差不齐，成人非学历教育亟待规范监管③。

　　中观方面，工学矛盾等导致社会需求缺口，成人学习者的社会支持不足，对于成人学习的学习者主体性、社会依托性等特质的认识尚有提升空间④。而且老年教育城乡社区教育及加快学习型城市建设工作均有待提升⑤。蔡海燕认为，成人教育机构要准确定位市场、创新模式，指出时间、空间、培训费用、内容不切实、学习需求与环境不对口等阻碍⑥。联合国教科文组织发布的《成人学习和教育全球报告》多次指出，成人学习与教育的提供方即教育者的资质问题，包括职前资格考察、在职专

---

　　① 张永，朱敏．新中国成人教育发展的谱系：基于问题史的视角［J］．终身教育研究，2021，32（5）：3-13+46.
　　② 白日升．县域职业教育与成人教育管理服务网络状况初探［J］．教育现代化，2019，6（69）：290-292.
　　③ 刁庆军，严继昌，李建斌．我国普通高校开展非学历继续教育的现状研究［J］．继续教育，2010，24（3）：3-6.
　　④ 雷丹．成人参与学习与高等教育改革［J］．中国成人教育，2016（7）：9-14.
　　⑤ 陈轲，李碧珍．学习型城市建设的实践探索和推进策略：以福州市为例［J］．福建广播电视大学学报，2020（2）：45-50.
　　⑥ 蔡海燕．成人学习的现状需求及其对策［J］．中国成人教育，2015（19）：139-141.

业培训等环节工作薄弱①②③。

在微观的学习资源方面，周波认为成人学习中远程学习的比例大，教材的重要性更加突出，而现存成人高等教育教材建设存在种类单一、知识更新不及时、忽视技能培养等弊端④。

三、研究方法和结构框架

本书按照价值导向、目标导向与需求导向相结合的研究原则，遵循"文献调查—主体分析—国际比较—需求梳理—对策建议"的逻辑思路展开研究，分析我国成人学习与教育发展现状及相关机制，为决策者、教育者和受教育者等各阶段利益相关者提供政策建议和参考。

（一）研究方法

统计分析：整合宏观数据，分析我国成人学习与教育的发展现状。根据成人学习与教育的不同类型和层级特点，使用中国家庭追踪调查（CFPS）全国调查数据并从个体微观层次进行

① UIL. Fourth Global Report on Adult Learning and Education（GRALE 4）[EB/OL]. Germany：UNESCO Institute for Lifelong Learning（2019 - 12 - 12）[2021 - 05 - 20]. https：//unesdoc. unesco. org/ark：/48223/pf0000372274.

② UIL. Third Global Report on Adult Learning and Education（GRALE 3）[EB/OL]. Germany：UNESCO Institute for Lifelong Learning（2016 - 09 - 08）[2021 - 07 - 10]. https：//uil. unesco. org/adult - education/global - report/third - global-report-adult-learning-and-education-grale-3.

③ 刘奉越. 全球成人学习与教育发展的挑战及应对：基于 GRALE Ⅲ 的分析[J]. 河北大学学报（哲学社会科学版），2017，42（1）：49.

④ 周波. 成人高等教育教材建设研究[J]. 中国成人教育，2010（16）：32-33.

分析，结合成人教育相关体系资源的中观与宏观层次的数据分析，了解我国成人学习和教育的情况与变化趋势。

文本分析：梳理与成人学习和教育相关的政策和研究，进行文本分析。以构建全民终身学习的教育体系和学习型社会、学习型城市为背景，关注学习者活动过程和需求，重点把握职业教育、社区教育、农村教育、老年教育等类型，分析我国成人学习和教育发展动向和现存问题。

比较研究：选取美国、英国、澳大利亚、日本等国作为研究对象，使用各国政府部门及相关国际组织的最新报告与相关数据，分析各国成人教育体系资源和成人学习活动发展特征，总结先进经验与启示并提出建议。

（二）结构框架

第一章为绪论，分析国际和国内成人学习与教育发展背景，梳理成人学习与教育的理论与实践发展历程和现存挑战，确定研究方法和总体设计思路，为后文分析展开奠定基础。

第二章为成人教育体系分析部分，概述我国成人教育的整体概况，区分成人学历教育与成人非学历教育，分析不同主体投入和教育方式等地区差异，关注职业教育、农村教育和社区教育等成人教育的不同类型及学习型城市的建设。通过文献调研、数据分析了解机构主体、经费渠道、监督评价机制与现存问题。

第三章为成人学习者分析部分，概述我国成人学习者的情况，分析其群体规模、分布、学习动机、学习环境及学习方式等方面特征，探析我国成人学习者随时代发展的特色。通过文献调研和数据分析，重点考察其在学习动机与障碍等方面面临的问题，作为后续政策调整的支撑和依据。

第四章为发达国家成人学习与教育体系比较研究，着眼政策、治理、融资、参与、质量等方面，分析美国、英国、澳大利亚、日本等国家成人学习和教育体系，呈现国际比较视角下的成人教育主体及参与情况、政策支持和经费渠道、成果认证和监督评价等有关内容，提炼总结先进经验和启示，为我国政策调整提供参考。

第五章为我国成人学习与教育发展建议，综合前几章文献和数据分析与国际比较结果，剖析我国成人学习与教育发展的症结，为我国成人学习和教育的各类主体提出有针对性的发展建议，为各层级决策者提供政策参考，为教育者和学习者提供理论和实践指南。

第二章　我国成人学习与教育的体系及存在问题

本章主要从成人学历和非学历教育机构的角度对我国成人学习与教育体系进行分类分析，比较不同地区投入以及教育方式的差异，基于文献调研和数据分析梳理成人学习与教育机构的主体特征、教育经费结构和存在问题。

一、体系概述

成人教育体系如表 2-1 所示。

表 2-1　成人教育体系梳理

类型/机构主体	层次/分类	教育活动特点	对象/目的
学历教育	高等教育：成人本专科 中等教育：成人高中/职业学校/初中 初等教育：成人小学	入学门槛低；学习自主性有限，易以学历文凭为单一目的；日常事务多，学习时间得不到保证，受环境限制大；以往教育学习经历和习惯、年龄等个人因素影响大，易产生心理障碍①②	满足社会人员学历提升的需要

① 纪军 . 论成人学习的障碍及其调控 [J] . 继续教育研究，2003（6）：103-105.

② 周玲 . 成人学习动机的调查分析 [J] . 广西社会科学，2003（12）：176-179.

类型/机构主体	层次/分类	教育活动特点	对象/目的
非学历教育	职业培训 社区教育	自发性强；重视技能教育；外界约束降低、教学方式灵活；无统一招生计划，高度市场化，部分机构办学不规范，办学质量和收费方面存在乱象①	自我发展和完善 适应职业岗位知识和技能更新

　　我国成人学习和教育的体系可根据机构性质差异进行区分。学历教育和非学历教育在教育层次、内容特点和学习者特征及其学习动机上差异明显。学历教育以取得学历为标志，包括以扫盲教育为目的的成人初等教育、以普通教育和职业教育类型区分的中等教育、以成人本专科占主体的高等教育，甚至还包括成人教育性质的研究生教育。从取得学历文凭的角度而言，学历教育类型的成人学习能够较大程度满足社会人员学历提升。而非学历教育给成人学习提供了较大的灵活度，通常以职业培训、社区教育为载体，具有更高的实用性，强调学习者的技能提升。同时，成人非学历教育也形成了高度的市场化特征，在学习者投入经济成本上往往较高，有办学质量和收费方面乱象的情况。本书对我国成人学习与教育体系框架的梳理如图2-1所示。

　　我国成人教育市场庞大。2020 年，中国终身教育行业市场规模达 1624 亿元②，2021 年，教育培训成为拉动中国家庭消费

---

　　① 应卫勇，姚俊，陈洁. 非学历教育在现代远程教育中的地位与趋势［J］. 开放教育研究，2008（2）：40-44.

　　② 艾瑞咨询. 2021 年中国综合性终身教育平台用户大数据报告——腾讯课堂数据篇［EB/OL］.（2021-01-21）［2021-08-20］. https：//www. iresearch. com. cn/report. shtml.

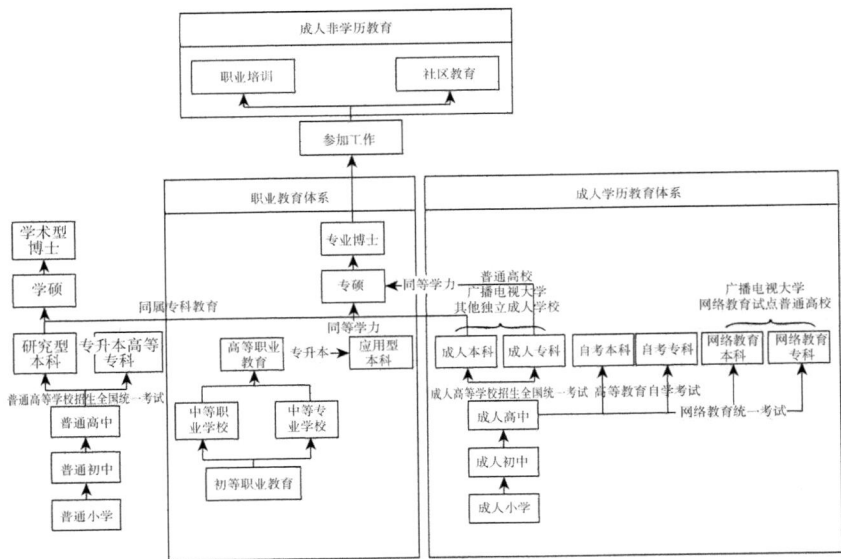

图 2-1 我国成人学习与教育体系框架图

的三驾马车之一。[①] 由图 2-1[②③] 可见，范围广阔、类型多样是成人学历教育和非学历教育的重要特征，高度的职业导向性也决定了其与职业教育在目的、层级上具有一定相似性。教育部于 2021 年 7 月发布《教育部办公厅关于加强社会成人教育培训管理的通知》[④] 加强对成人教育非学历教育培训机构的管理，成

① 中国美好生活大调查［EB/OL］.（2021-04-25）［2021-08-25］. http://news.cctv.com/special/mhshddc/.

② 李海东，杜怡萍. 建立我国国家资历框架的思考［J］. 中国职业技术教育，2019（7）：77-80.

③ 艾瑞咨询. 2021 年中国职业培训行业研究报告［EB/OL］.（2021-03-25）［2021-08-20］. https://www.iresearch.com.cn/report.shtml.

④ 教育部办公厅关于加强社会成人教育培训管理的通知［EB/OL］.（2021-07-07）［2021-09-25］. http://www.moe.gov.cn/srcsite/A07/zcs_cxsh/202107/t20210719_545585.html.

人教育行业迎来管理规范化的重要节点。成人学习与教育市场具有范围广阔、产品种类多而需求杂的特点，其非刚需性质带来了教育产品价格的波动性、低完课率和低续报率，从而也对成人教育机构的工作重点产生影响。成人教育是普通学校教育的必要补充，能够帮助成年人结束学校教育后继续个性化地完善自我，帮助成年人对自我发展进行充分思考，找寻个人独特的内在精神目的。[1]

二、成人学历教育

综上所述，成人教育可根据机构主体类型分为成人学历教育和成人非学历教育两种形式，本节集中论述成人学历教育。根据教育部规定[2]，学历教育作为一种教育形式，要求受教育者需首先经过国家教育考试等受许可的入学方式，在经过有关部门批准的学校等教育机构中学习，并获得国家承认的学历证书，包括小学、初中、高中、专科教育、本科教育、研究生教育等。

目前，我国成人教育受众仍有大部分以学历提升为教育期望。从我国成人学历教育整体来看，2019 年我国成人学历教育机构中成人小学和中专的机构数量、教职工和师生人数相对较多，即成人小学 6241 所、教职工 2 万人、专任教师 1 万人、在

---

① 朱丹蕾，徐君. 论现阶段我国成人教育价值的迷失与回归［J］. 成人教育，2020，40（5）：1-6.

② 教育部. 国民教育学历、全日制教育学历、在职教育学历分别如何解释，它们具体包括哪些学历?［EB/OL］.（2007-01-24）［2021-09-25］. http://www.moe.gov.cn/jyb_hygq/hygq_zczx/moe_1346/moe_1347/tnull_16258.html.

校学生 42 万人，中专 1032 所、教职工 5 万人、专任教师 4 万人、在校学生 106 万人。成人中学学历教育机构的机构数量和师生人数都较少，初中仅 480 所、在校学生 10 万人，高中仅 333 所、教职工仅 2509 人、专任教师 1933 人、在校学生 4 万人①。

值得注意的是，我国高等教育发展较快，成人高等学历教育所占比例也不低。近年来，成人本科教育规模迅速扩大②，但成人专科、自考专科因为高等教育普及化时代的到来而受到不同程度的影响，招生、报考规模明显下降。③ 成人高校 268 所、教职工 3.61 万人、专任教师 2 万人，本专科在校学生 6685603 人④。与此同时，2010 年，我国 25 岁以上成人的初中完成率为 65.3%，高中为 22.3%，学士学位获得率为 3.6%，硕士学位仅为 0.4%⑤；而 2020 年，到了第七次人口普查时，15～59 岁居民每 10 万人中有 15467 人有本科以上学历，学士及以上学位获得率上升至 15.467%，文盲率仅为 2.67%。⑥ 因此可见高等教育阶段的成人学历教育招生、报考规模有下降趋势，结合图 1-1 展示

① 国家统计局，教育部．教育发展统计公报［EB/OL］．（2021-05-11）［2021-08-20］．http：//www.moe.gov.cn/jyb_ sjzl/sjzl_ fztjgb/.

② 杜云英．我国继续教育发展的成就、挑战与对策：《教育规划纲要》十年回顾与展望［J］．职业技术教育，2021，42（7）：13-18.

③ 张艳超．生态视角下我国高等学历继续教育可持续发展研究［D］．上海：华东师范大学，2019.

④ 国家统计局，教育部．教育发展统计公报［EB/OL］．［2021-08-20］．http：//www.moe.gov.cn/jyb_ sjzl/sjzl_ fztjgb/.

⑤ UNESCO Institute of Statistics．SDG4 Dataset［EB/OL］．（2018-08-18）［2021-08-20］．http：//tcg.uis.unesco.org/data-resources/.

⑥ 国家统计局．第七次全国人口普查公报［EB/OL］．（2021-05-11）［2021-08-20］．http：//www.stats.gov.cn/tjsj/tjgb/rkpcgb/qgrkpcgb/.

的我国成人教育机构和学生数量的逐年变迁也可推知这一趋势。

（一）成人学历教育的主要形式

当前，国家承认的成人学历提升形式主要包括成人高考、自学考试、电大现代远程开放教育和网络教育四种，在很大程度上促进了我国高等教育从精英化向大众化乃至向普及化的转型。①② 总体而言，我国成人学历教育办学模式较为多样，但存在社会认可度较低、发展失衡、监管薄弱等特点。③④⑤ 本节聚焦于成人高等学历教育进行分析。其中，成人本专科在办学主体上可分为普通高校继续教育学院或网络教育学院、广播电视大学体系（国家开放大学体系）及招生规模较小的其他机构（如职工高等学校、省市教育学院、管理干部学院、农民大学、独立函授大学等）。⑥

表 2-2 是 2019 年普通、成人、网络三种形式的本专科教育

---

① 中国成考网. 国家认可的成人学历提升形式有哪几种［EB/OL］. (2021-07-18)［2021-08-20］. https://chengkao. eol. cn/chengkaozhuanshengben/ 20210718144030. html.

② LI F L, Wu F Y, Wang Z L. Distance Higher Education and Regional E-quality in China［J］. *European Journal of Education*, 2022, 00: 1-16.

③ 俞启定. 成人高等学历教育问题与改进策略研究［J］. 华中师范大学学报（人文社会科学版），2014，53（5）：155-163.

④ 陈世林. 成人高等教育发展策略研究［J］. 辽宁教育研究，2008（12）：28-30.

⑤ 李欣，成灵勇. 关于我国成人高等学历教育现状及改革的思考［J］. 高教论坛，2020（8）：85-89.

⑥ 教育部. 国民教育学历、全日制教育学历、在职教育学历分别如何解释，它们具体包括哪些学历？［EB/OL］. (2007-01-24)［2021-08-20］. http://www. moe. gov. cn/jyb_ hygq/hygq_ zczx/moe_ 1346/moe_ 1347/tnull_ 16258. html.

学生规模分布情况。2019 年我国成人教育办学机构本专科招生人数的分布情况见表 2-3。从表 2-3 可以看到，普通高等学校招生规模在成人本专科诸多办学机构中独占鳌头，这可以解释为成人学习者更多看中普通高校成人本专科教育与普通本专科的协同效应；其次学习者人数较多的是广播电视大学（国家开放大学）。普通高校成人本专科教育招生 271.06 万人中，通过远程方式（包括函授与网络）招生 183.22 万人，占比 67.60%；通过在职人员职业培训为主要方式的业余教育招生 87.77 万人，占比 32.38%；脱产生只有 6.29 万人，占比 0.02%。绝大多数普通高校成人学习者出于对学习时间、地点灵活性的考量，选择了远程教育这一形式①。根据教育部的官方数据，目前普通高校中共有清华大学、北京大学、上海交通大学等 68 所高校具备提供现代远程教育的资格。②

表 2-2　2019 年普通、成人、网络三种形式本专科教育招生数据对比

类型	招生（报考）人数（万人）	百分比（%）
普通本专科	914.90	60.76
成人本专科	302.21	20.07
网络本专科	288.55	19.16

资料来源：《中国教育统计年鉴 2019》。③

---

① 教育部．中国教育统计年鉴 2019 ［M］．北京：中国统计出版社，2020.

② 教育部．68 所现代远程教育试点高校名单 ［EB/OL］．（2021-11-01）［2022-05-07］．http://www.moe.gov.cn/srcsite/A07/moe_743/202111/t20211115_579871.html.

③ 教育部．中国教育统计年鉴 2019 ［M］．北京：中国统计出版社，2020.

表2-3　成人教育主要办学机构本专科招生人数分布

机构	人数（万人）	占比（%）
普通高等学校	271.06	89.69
广播电视大学	21.72	7.19
其他成人高校	9.43	3.12

数据来源：《中国教育统计年鉴2019》。①

此外，高等教育自学考试（自考）是普通高等学校招生全国统一考试（高考）的重要补充形式，这一形式含金量较高但难度也较大。但自考教育也同样具有承认普通高校课程学分、较好衔接非学历证书（如全国计算机等级考试、全国英语等级考试）等特征，这些特征使其能够整合入国家资历框架及学分银行建设②。

（二）成人学历教育的经费规模与结构

成人学历教育经费支出主要集中在中专及高等教育层级。以2018年为例，当年我国成人高等教育经费支出为1630613.4万元，中专支出为1022850.4万元，成人中学为73472.6万元，成人小学为1219.2万元。对比同期的各级教育经费分布情况可知，成人高等教育经费投入在全国高等教育经费投入中占比为1.36%，而成人中专在全国中等职业教育经费中占比为4.14%，成人中学和成人小学在全国中小学教育经费投入中占比则不足0.1%。

---

① 教育部．中国教育统计年鉴2019［M］．北京：中国统计出版社，2020.

② 张艳超．生态视角下我国高等学历继续教育可持续发展研究［D］．上海：华东师范大学，2019.

具体情况见表 2-4。从经费收入构成看，2018 年高等教育财政性经费支出 89.0182 亿元，占比 58.85%；社会捐赠 181.4 万元，其他来源 6.4896 亿元。由此可见成人高等教育经费大部分源于政府拨款，有较强的公益性。

表 2-4 2018 年我国各级各类成人教育经费

成人教育	经费支出 （万元）	各级各类教育	经费支出 （亿元）	成教占比 （%）
成人高等教育	1630613.4	全国高等教育	12013	1.36
成人中专	1022850.4	全国中等职业教育	2463	4.14
成人中学	73472.6	全国中小学教育	28042	0.027
成人小学	1219.2			

资料来源：《中国教育经费统计年鉴 2019》。

表 2-5 列出了 2018 年各省份成人教育经费的投入情况。总体来说，不同地区经费收入差异悬殊。2018 年，北京、广东、浙江、上海等发达城市与省份成人高等教育经费投入超 10 亿元，北京市更是遥遥领先突破 20 亿元大关，成人高等教育经费投入远远高于其他城市与省份。作为西部省份的广西在成人高等教育的经费投入方面也有不错表现，经费排名紧跟其后。成人中专经费投入方面，河南、河北位居前二。作为第七次人口普查中人口规模分别排名第三、第六的人口大省，两省为提高人口素质、促进"人口红利"向"人才红利"转型作出了一定贡献。成人中学相关统计数据在很多省份缺失，在有数据的省份中，浙江、江苏等地经费收入规模远超其余省份。

表2-5 2018年成人高教、中专、中学教育分地区经费投入

地区	成人高教经费投入（千元）	排名	地区	成人中专经费投入（千元）	排名	地区	成人中学经费投入（千元）	排名
北京	2287271	1	河南	1369738	1	浙江	278610	1
广东	1582385	2	河北	1141248	2	江苏	224681	2
浙江	1488242	3	吉林	768405	3	广东	83063	3
上海	1111261	4	重庆	663219	4	北京	47737	4
广西	898423	5	湖南	636978	5	上海	35332	5
陕西	687371	6	云南	565706	6	天津	29270	6
四川	667766	7	浙江	529600	7	山东	18384	7
河北	626669	8	江西	524073	8	湖北	7168	8
福建	590642	9	四川	494960	9	湖南	4720	9
吉林	587815	10	山东	458119	10	吉林	2968	10
湖南	580442	11	山西	366587	11	广西	2792	11
江西	506192	12	江苏	353467	12			
安徽	499124	13	内蒙古	330091	13			
黑龙江	482915	14	陕西	304847	14			
辽宁	478351	15	黑龙江	303460	15			
新疆	438100	16	广东	299649	16			
天津	424728	17	安徽	208655	17			
云南	417342	18	上海	184161	18			
山东	311333	19	湖北	131879	19			
贵州	306270	20	天津	108977	20			
河南	241213	21	北京	99883	21			
甘肃	222978	22	新疆	92970	22			
山西	205286	23	甘肃	80681	23			
内蒙古	197590	24	贵州	72447	24			

续表

地区	成人高教经费投入（千元）	排名	地区	成人中专经费投入（千元）	排名	地区	成人中学经费投入（千元）	排名
江苏	157943	25	广西	57420	25			
湖北	148173	26	福建	31785	26			
海南	86216	27	辽宁	22657	27			
青海	39600	28	海南	19175	28			
重庆	34492	29	青海	7669	29			

资料来源：《中国教育经费统计年鉴 2019》。

（三）成人学历职业教育

职业教育是成人教育中的重要部分。我国职业教育体系由按专业划分的学历类职业教育和直接面向职业岗位的非学历职业培训构成。尽管后者直接对接行业在职人员需求，较前者更能体现成人教育内涵；然而前者为我国学校教育、学历教育的重要一环，因此本节重点对成人学历职业教育进行介绍。

我国职业学校与普通高校、开放大学及独立设置学校一起，在服务全民继续教育的卫生护理、文化艺术、老年教育、特殊教育、学前教育人才素质提升中发挥着重要作用。在我国，教育部职业教育与成人教育司承担职业教育和成人教育的指导工作，其中既包括职业学校教育，又包括各级各类高等继续教育和远程教育、社会教育工作①，职业教育与成人教育工作密不可分。

作为拥有规模庞大劳动力的国家，中国的成人职业教育发

① 教育部．职业教育与成人教育司介绍［EB/OL］．［2021-09-25］．http：//www.moe.gov.cn/s78/A07/index.html.

展对全球的教育、经济与社会发展都具有重要的借鉴意义。同时，在中国的人口出生率走低、老龄人口比例增加的当前，职业教育能够帮助我国从"人口红利"向"人才红利"的转型升级。终身教育使得现代社会公民具备了适应科技社会快速变化的能力，缩短了成人更换职业谋生所需的时间，提高了经济生产与社会变革的效率。

1. 职业教育相关政策

为对接职校专业与社会产业实际需求，我国政府曾出台一系列政策不断调整完善学历职业教育。1993 年《中共中央关于建立社会主义市场经济体制若干问题的决定》提出实行"学历文凭和职业资格两种证书制度"的要求，2019 年在此基础上进一步拓展"学历证书+若干职业技能等级证书"制度（1+X 制度）并在后续政策中持续推进试点来搭建校企桥梁，加速人才培养与市场的交互过程①②。

在学历职业教育布局方面，教育部于 2020 年发布《职业教育提质培优行动计划（2020—2023 年）》③，要求强化中职教育基础性作用，解决中学阶段普职失衡现象；巩固专科高职主体

---

①　人民网. 中共中央关于建立社会主义市场经济体制若干问题的决定 [EB/OL]. （2003-11-14）[2021-09-25]. http://www.people.com.cn/item/ 20years/newfiles/b1080.html.

②　教育部. 教育部等四部门印发关于在院校实施"学历证书+若干职业技能等级证书"制度试点方案的通知 [EB/OL]. （2019-04-10）[2021-09-25]. http://www.moe.gov.cn/srcsite/A07/moe_ 953/201904/t20190415_ 378129.html.

③　教育部. 教育部等九部门关于印发职业教育提质培优行动计划（2020—2023 年）的通知 [EB/OL]. （2020-09-13）[2021-09-25]. http:// www.moe.gov.cn/srcsite/A07/zcs_ zhgg/202009/t20200929_ 492299.html.

地位，打破"唯学历论"，推动职校毕业学生在就业晋升等各方面与普通高校学生享受同等待遇；将本科职业教育作为关键一环推进试点，推动符合条件的普通本科向应用型本科转变；适度扩招专业硕士、专业博士，推动产学研结合专业研究生培养模式。这一文件同 2021 年《职业教育专业目录》共同提升了职业教育在我国国民教育体系中的位置，并规范了其体系①。2021年，人力资源社会保障部等五部门共同印发《关于全面推行中国特色企业新型学徒制加强技能人才培养的指导意见》，全面推行中国特色企业新型学徒制——主张"车间即工厂、职工即教师"，解决了职业教育实训设备更新慢、职校双师制人才资源储备不足等问题，并给予每名学徒每年 5000 元补贴进行直接经济刺激②。这些政策深入践行了产教融合理念，促使职业培训学习者学以致用、对接企业需求，更加紧密地构筑职校、培训机构和企业合力体系，助力我国经济转型升级。

在教学水平方面，教育部 2021 年发布了《高等职业学校电子信息工程技术专业实训教学条件建设标准》，规定了 32 项职业教育教学标准来明确教学质量的硬标准以提高职业教育建设

---

① 教育部.《职业教育目录（2021 年）》[EB/OL].（2020-09-13）[2021-09-25]. https：//view. officeapps. live. com/op/view. aspx？ src＝http%3A%2F%2Fwww. moe. gov. cn%2Fsrcsite%2FA07%2Fmoe_ 953%2F202103%2FW020210319595911145604. docx&wdOrigin＝BROWSELINK.

② 中华人民共和国中央人民政府. 人力资源社会保障部 财政部 国务院国资委 中华全国总工会 全国工商联关于印发《关于全面推行中国特色企业新型学徒制加强技能人才培养的指导意见》的通知 [EB/OL].（2021-06-08）[2021-09-25]. http：//www. gov. cn/zhengce/zhengceku/2021-06/22/content_5620210. htm.

的硬要求、提升职业教育的社会信任度①。

2. 成人职业教育现存问题

当前，我国职业教育面临的问题很多，比如规模扩大的同时质量问题浮上水面。在 2019 年《高职扩招专项工作实施方案》（"百万扩招"）等一系列相关政策推动下，高职院校平均学生规模的迅速扩张，带来了生师比上升等问题，亟待跟进师资队伍扩充建设②③。

表 2-6　2016—2020 年高等教育本专科院校规模变化对比

年份	2016	2017	2018	2019	2020
本科院校学校数（所）	1237	1243	1245	1265	1270
专科院校学校数（所）	1359	1388	1418	1423	1468
本科近 5 年增长百分比	—	0.49%	0.16%	1.61%	0.40%
专科近 5 年增长百分比	—	2.13%	2.16%	0.35%	3.16%
生师比	17.73	17.74	17.89	19.24	—

资料来源：国家统计局。④

---

① 教育部办公厅关于公布高等职业学校电子信息工程技术专业实训教学条件建设标准等 32 项职业教育教学标准的通知［EB/OL］.（2021-06-29）［2021-09-25］. http：//www. moe. gov. cn/srcsite/A07/moe_ 953/202107/t20210706_ 542723. html.

② 教育部. 百万扩招：中国高等职业教育的新时代［EB/OL］.（2019-12-25）［2021-09-25］. http：//www. moe. gov. cn/jyb_ xwfb/xw_ zt/moe_ 357/jyzt_ 2019n/2019_ zt19/baodao/201912/t20191230_ 414083. html.

③ 教育部. 高职扩招，教师短缺何解？教育部：整合挖潜、专项培训等补充缺口［EB/OL］.（2019-10-18）［2021-09-25］. http：//www. moe. gov. cn/jyb_ xwfb/xw_ zt/moe_ 357/jyzt_ 2019n/2019_ zt4/qdx/mtjj/201910/t20191021_ 404514. html.

④ 国家统计局. 高等教育学校（机构数）［EB/OL］.［2022-05-05］. https：//data. stats. gov. cn/easyquery. htm？cn＝C01&zb＝A0M0C&sj＝2020.

而和成人教育密切相关的是制度建设落后于实践发展，比如学习立交桥尚未建成，成人职业教育的上升通道待打通。随着高等教育从精英化向大众化和普及化转型，相较于普通教育，职业教育的升学通道更为狭窄，这不可避免地导致很多望子成龙的家长对其产生排斥心理：一旦通过中高考被分流到职业教育，个人再切换至普通高等教育所面临的难度及所需的时间、精力成本将大大抬升。因此，非常有必要贯通职业教育学历上升通道，有效解决中高等职业教育衔接断层、通道受阻的大问题，诠释终身教育内涵，赋予学生终身学习素养。①

（四）农村成人教育的困境

我国的经济社会发展存在巨大城乡差异，成人教育也不例外。我国农村地区成人教育曾经以扫盲形式在新中国成立初期对国民素质提高发挥过极大的作用，但随着时代的改变，这一形式逐渐衰微。目前我国农村成人教育还没有重新找到自己的定位，在扫科技知识盲、提高国民文化素养方面较为薄弱；农村成人教育机构多被撤并或挂靠到当地中小学，缺乏自己独立的教学办公场所；由于种种原因以及乡村成人教师无编制问题，农村成人教育教师多由中小学教师兼任，专业化欠缺，并且成人教育的教师也缺乏专门的职称评价体系；农村成人教育着重农林牧渔行业实务技能培养，这也就带来了其教学活动由林业、农业、劳动、教育等多部门联合管辖的问题，各单位缺乏统一

① 陈轲，李碧珍. 学习型城市建设的实践探索和推进策略：以福州市为例［J］. 福建广播电视大学学报，2020（2）：45-50.

部门牵头部署，造成了农村成人教育项目质量低下、人力物力严重浪费等问题。①②

三、成人非学历教育

（一）成人非学历教育的总体现状

成人非学历教育与学历教育有着明显区分，是一种不颁发毕业证书等学历文凭的教育形式，仅能为受教育者颁发结业证书③。成人非学历教育形式包括研究生课程进修班、自考助学班、职业资格证书或工作相关资格证书的进修及培训等。④⑤ 成人非学历教育的重要组成部分包括职业培训与社区教育。有多篇实证研究指出非学历教育在个体层面以有别于学历教育"羊

①　蒋华.我国东、西部地区农村成人教育现状调查比较研究［J］.职教论坛，2013（1）：35-38，80.

②　孙世虹.乡村振兴背景下农村成人教育的现实困境及发展策略［J］.中国成人教育，2018（18）：154-157.

③　教育部办公厅关于印发普通高等学校举办非学历教育管理规定（试行）的通知［EB/OL］.（2021－11－12）　　［2022－05－05］.http：//www.moe.gov.cn/srcsite/A07/moe_743/202111/t20211119_581103.html.

④　教育部关于重申保证高等教育质量，加强学历文凭、学位证书管理的通知［EB/OL］.（2001－02－05）［2022－05－05］.http：//www.moe.gov.cn/jyb_xxgk/gk_gbgg/moe_0/moe_7/moe_12/tnull_5935.html.

⑤　张艳超.普通高校继续教育改革趋势：跨界、融合与创新［J］.教育发展研究，2014，34（3）：66-73.

皮纸"效应的方式显著提高了个体的收入①②。此外，成人非学历教育能够缓解农村家庭贫困③。

2017 年，我国各级各类非学历教育注册人数为 5465 万人，结业生人数为 5724 万人④。本研究根据 2016 年度北京大学中国社会科学调查中心实施的中国家庭动态跟踪调查数据（CFPS）⑤发现：目前我国成人期望的受教育程度均值为大专；成人参加非学历教育的比例仅为 6%；在一年内有不以工作和考试为目的的阅读比例仅为 25%，而其中在阅读的人群中每年平均仅阅读7.48 本书；使用互联网学习，如搜索学习资料、上网络学习课程等行为的频率每月 1~2 次，有小孩的家庭，亲子阅读频率很低。由此可见，我国当前成人非学历教育存在群众参与热情度低下，尚未普遍树立起终身学习的意识与习惯。

相比学历教育，从个体层面，非学历教育在具体教学过程上具有自发性强、外界约束低、重视技能教育、教学方式灵活

---

① 胡海青，郑玉洁 . 非学历教育对我国劳动者收入的影响：基于 CFPS 数据的实证研究［J］. 南昌大学学报（人文社会科学版），2018，49（6）：130-138.

② 谭璐 . 中国非学历教育与个人收入关系的实证研究［J］. 开放学习研究，2018，23（6）：31-36.

③ 赵国庆，周学琴，陈磊，等 . 非学历教育能够缓解农村家庭贫困吗?：基于中国居民家庭微观调查数据的分析［J］. 教育与经济，2020，36（4）：9-20.

④ 国家统计局 . 年度数据简单查询［EB/OL］.（2017-02-28）［2022-05-05］. https：//data. stats. gov. cn/easyquery. htm? cn = C01&zb = A0M0C&sj = 2017.

⑤ 中国社会科学调查中心 . 2016 中国家庭动态跟踪调查数据（CFPS）［EB/OL］.（2019-08-07）［2022-05-05］. https：//opendata. pku. cn/dataverse/CFPS? q =&types = files&sort = dateSort&order = desc&page = 1.

等特点；在机构组织层面，非国家统一认证学历的性质则使得非学历教育缺乏政府统一招生计划、所需国家财政经费相对较少，具有高度的市场性，在定价机制和监管层面也存在挑战。①我国成人非学历教育机构种类繁多而质量参差不齐。市场上既有具备招生资格的进修校，又有无此资格的咨询公司，不同的机构各自由教育行政部门、人力资源与社会保障部门和工商行政部门等多部门进行主管审批，市场监管机制纷繁复杂并由此带来了定价不规范等一系列市场问题。由于在过去的很长一段时间内我国在成人非学历教育监管方面，相关政策几乎空白，加上部分机构以牟取暴利为目的大肆举办低质量的成人教育项目，削弱了非学历教育在提高社会成员素质方面的积极作用。②

针对上述情况，教育部办公厅于 2021 年 7 月发布《关于加强社会成人教育培训管理的通知》③，以加强对非学历教育培训机构（如营利性企业、民办非企业单位以及非学历高等教育机构）的治理，推动加强行业自律，其效果有待进一步的实证考察。

（二）职业培训

职业培训是指使从业人员获取某种职业所需专业知识或技

①　刁庆军，严继昌，李建斌. 我国普通高校开展非学历继续教育的现状研究［J］. 继续教育，2010，24（3）：3-6.

②　郝源，张克明. 浅析成人非学历继续教育［J］. 当代教育实践与教学研究，2017（10）：208，207.

③　教育部办公厅关于加强社会成人教育培训管理的通知［EB/OL］.（2021-07-07）［2021-09-25］. http：//www. moe. gov. cn/srcsite/A07/zcs_cxsh/202107/t20210719_ 545585. html.

能而进行的培训工作，包括成人就业前培训、在职培训、再就业培训及其他职业性培训在内的非学历培训，可由职业培训机构或职业学校实施，经考核合格后可按国家规定发给相应的培训合格证书，①② 是与职业学校教育并重的教育形式③，也是劳动者应享有的权利。④ 以非学历培训为主要形式的继续培训和职业发展，是成人掌握快速变化的社会和工作环境所需的知识、技能和能力的重要途径。⑤ 根据国务院《关于推行终身职业技能培训制度的意见》，职业技能培训组织实施体系主要有公共实训机构、职业院校、职教中心、职业培训机构和行业主体等。⑥

据 2021 年麦肯锡行业研报⑦，我国 2019 年职业培训类收入占教育市场总收入的 14%。受新冠疫情影响，市场中较为依赖

---

① 顾明远. 教育大辞典第三卷（高等教育、职业技术教育、成人教育、军事教育）［Z］. 上海：上海教育出版社，1991：232.

② 中华人民共和国职业教育法［EB/OL］. (2022-04-20)［2022-05-05］. http：//www.npc. gov. cn/npc/c30834/202204/04266548708f44afb467500e809aa9cf. shtml.

③ 中华人民共和国职业教育法［EB/OL］. (2022-04-20)［2022-05-05］. http：//www.npc. gov. cn/npc/c30834/202204/04266548708f44afb467500e809aa9cf. shtml.

④ 中华人民共和国劳动法［EB/OL］. (2018-12-29)［2022-05-05］. http：//www. npc. gov. cn/npc/c30834/201901/ffad2d4ae4da4585a041abf66e74753c. shtml.

⑤ 联合国教科文组织. 关于成人学习与教育的建议书/Recommendation on Adult Learning and Education［EB/OL］. (2016-02-08)［2021-08-01］. https：//unesdoc. unesco. org/ark：/48223/pf0000245179.

⑥ 国务院印发关于推行终身职业技能培训制度的意见［EB/OL］. (2018-05-08)［2021-09-25］. http：//www. gov. cn/xinwen/2018-05/08/content_5289189. htm.

⑦ 麦肯锡咨询. 中国的技能转型：推动全球规模最大的劳动者队伍成为终身学习者［EB/OL］. (2021-04-08)［2021-09-05］. https：//www. mckinsey. com. cn/wp-content/uploads/2021/03/MGI_ Reskilling-China_ -Full-CN-report. pdf.

设备以及工作场景的实训类培训明显遇冷。最为热门的财会、金融、建筑、法考、教师类考试和人才招录考试培训板块每年共有近 4000 万人报名考试，由于其对实操和面授的弱依赖性，未受疫情影响，在疫情之中依然保持着良好的增长态势，2020年市场规模达 422 亿元，增长 8%①。

县级职教中心是当前成人职业培训的重要机构。县级职教中心制度最早由河北省在 20 世纪 90 年代制定，初衷是由政府统筹，集中全县力量办好职业教育。目前全国县级职教中心共有 1900 所左右②。有研究基于西南 18 个国家级贫困县职教中心的案例分析，发现当前县级职教中心运行中存在一系列的问题。一是很多县级职教中心形式化执行政策文件，忽略实际教学效果。二是管理人员出于权力寻租或逃避经费使用审计约束等原因，将办学权让渡给体制灵活的民办成人教育机构，导致县级职教中心的职责薄弱乃至缺失，甚至出现低资质机构垄断培训项目的局面。③ 在当前成人教育机构整顿大政策背景下，重建县级职教中心及相关机构可能成为扭转成人教培机构被外部资本控制的重要突破口。

针对部分地区职业培训现存问题，有研究给出了一系列的建议：其一，职业培训项目应精心选择行业以期贴近本地人员

---

① 艾瑞咨询. 2021 年中国职业培训行业研究报告［EB/OL］.（2021-03-25）［2021-08-20］. https：//www. iresearch. com. cn/report. shtml.

② 国家开放大学. 县级职教中心的内涵、发展历程和重要意义：AA 示范县展示［EB/OL］.（2020-12-22）［2021-08-30］. http：//sf. ouchn. edu. cn.

③ 林克松，王官燕. 从边缘到中心：贫困地区县级职教中心参与农民培训的失序及治理［J］. 西南大学学报（社会科学版），2020，46（4）：86-92，194.

实际务工状况；其二，应当通过短期的培训项目建立受训者长期的终身自主学习意识等经验；其三，培训内容应适当减少理论性内容，而更重视实践实效；其四，对培训效果进行全程跟踪，防止参与者单纯为获得培训补贴"走过场"，而未达到预期培训效果。①

（三）社区教育

社区教育的概念源于杜威的思想，是实现社区全体成员素质提高的教育活动和过程。②③④ 尽管改革开放以来，我国的社区教育已取得较大进步，在基础设施、管理制度、教学模式等方面有序推进，但其在国民教育体系中受重视程度仍然有待提高，且管理过程仍然存在一些问题。

2016年，教育部等9部门曾发布关于进一步推进社区教育发展的意见，强调将社区教育与社区治理相结合，形成社区教育协同治理体制机制。社区教育既是社区治理的内容，又是社区治理的手段。⑤ 社区教育可以提高居民社区治理参与能力、增

---

① 曾新洲，李怡. 乡村振兴战略背景下完善农村职业培训体系对策研究：以长沙为例［J］. 中外企业家，2020（5）：102-103.

② BROSIO R A. Dewey's Concept of Community：A Last Third of the Twentieth Century Perspective［J］. Journal of Educational Thought，1976，10（2）：110-118.

③ DEWEY J. Democracy and Education?：An Introduction to the Philosophy of Education［M］. New York：The Macmillan Company，1916.

④ 厉以贤. 社区教育的理念［J］. 教育研究，1999（3）：20-24.

⑤ 教育部等9部门关于进一步推进社区教育发展的意见［EB/OL］. (2016-07-08)［2021-09-25］. http：//www. moe. gov. cn/srcsite/A07/zcs_cxsh/201607/t20160725_ 272872. html.

强社区凝聚力以实现政府治理与居民自治的良性互动。① 2021 年中共中央办公厅、国务院办公厅印发了《关于进一步减轻义务教育阶段学生作业负担和校外培训负担的意见》② （"双减政策"）将探索社区教育作为该政策实施的重要途径——社区应当建设并运营学生活动中心为学生提供课后社会实践、社团活动、志愿服务活动场所；推动社区家庭教育指导中心、服务站点建设，引导家长树立正确育儿观。

除了中央部门出台的相关政策，很多地方政府纷纷开展社区教育实践。北京市通过"学社融合"即融合学校、社区的方式推动社区教育，具体为通过学校文体设施资源入驻社区等方式来实现学校、社区资源共享，缓解社区文化健身设施设备不足问题，真正整合全民终身教育体系资源，拆除传统意义上学校与社区之间的隔阂③。上海市是中国唯一获得联合国教科文组织 2021 年学习型城市奖的城市，在社区教育方面提供了更为丰富的经验案例。上海市闵行区建设 58 个邻里中心作为综合社区教育治理平台，聚拢文明办、团委、妇联、养老中心和社区卫生服务中心等职能部门，开发以社区治理为主体，涵盖道德、法律知识和公共安全管理等多方面内容的课程，大幅提高了部

---

① 李晓婷，夏园园．北京社区教育融入社区治理的路径［J］．中国国情国力，2019（8）：29-31．

② 中共中央办公厅、国务院办公厅印发关于进一步减轻义务教育阶段学生作业负担和校外培训负担的意见［EB/OL］．（2021-07-24）［2021-09-25］．http：//www. moe. cn/jyb _ xwfb/gzdt _ gzdt/s5987/202107/t20210724 _ 546566. html.

③ 李晓婷，夏园园．北京社区教育融入社区治理的路径［J］．中国国情国力，2019（8）：29-31．

门协力运作社区教育水平。上海市徐汇区某居民区以父母所关注的家庭教育为切入口创建亲子阅读平台，从而进一步组织年轻居民参加社区学习、参与社区自治有关话题的学习与讨论①。

(四) 学习型城市建设

学习型城市建设是成人非学历教育的重要抓手，其建设有如下若干规律：一是物质基础决定上层建筑，学习型城市建设决定于知识经济。因此，只有实现城市产业向高新知识技术产业崛起，才能最大限度带动城市居民终身学习热情。二是学习型城市发展受制于现代化发展进程。因此要建设学习型城市必须同步推进城市现代化任务。三是学习型城市发展要因地制宜，与自身的文化特色结合在一起②。

2014 年起，教育部等 7 部门印发《关于推进学习型城市建设的意见》③，开始在全国各地建设学习型城市，建设学习型城市是完善我国全民终身教育体系的重要一环。当前，北京、上海、大连、常州、南京等地学习型城市建设均取得了巨大成效。④ 比如，深圳市学习型城市建设强调"全民学习、全民阅读"，成都市学习型城市建设立足世界名城建设框架，大连市将

---

① 谭景哲. 社区教育融入社区治理路径研究：以上海市为例 [J]. 职教通讯，2018（13）：59-62.

② 陶孟祝. 回望与前瞻：我国学习型城市研究述评：基于 CSSCI 数据库（2000—2018 年）的分析 [J]. 河北大学成人教育学院学报，2018，20（4）：53-61.

③ 教育部等 7 部门关于推进学习型城市建设的意见 [EB/OL].（2014-09-15）[2021-09-25]. http://www.moe.gov.cn/jyb_xwfb/gzdt_gzdt/s5987/201409/t20140915_174940.html.

④ 同①.

其学习型城市建设与资源型城市经济转型战略相结合等。①

在学习型城市建设过程中，各地区积累了丰富经验。北京和上海分别建立了互联网平台"京学网"和"上海终身学习平台"以整合学习资源，市民可以通过市区学习地图来查找所在位置附近的公共学习场所或者在线观看超星视频、科学讲堂等学习资源。② 对比主要以提升素质为目的的东部地区，西部地区学习型城市建设更多地与教育扶贫、乡村振兴等重要工作紧密结合在一起。如贵州省六盘水市学习型城市建设一方面将学习型城市建设任务与创建全国文明城市、打造旅游休闲城市任务同步结合起来，使得政策执行收益最大化③；另一方面由当地师范学院对易地搬迁脱贫群众开展智育扶贫，提高搬迁群众文化素质，加快活力社区建设。

（五）成人非学历教育现存问题

当前，总体来说，我国非学历教育供给无法满足受教育者的个性化需要，存在偏重理论知识的问题，乃至原样照搬全日制学历教育，因而不能满足职业技能提高需求。与此同时，也有较大比例的人群将成人非学历教育视作学历补偿途径④。这种

---

① 张桂琴. 近20年来国内学习型城市研究综述［J］. 广州广播电视大学学报，2019，19（4）：32-37，63，108.

② 殷丙山，韩世梅，董昭岭. 互联网+学习型城市建设：北京行动与反思［J］. 开放学习研究，2019，24（1）：20-27.

③ 胡珠楠，任文静. 大数据时代西部学习型城市现状研究［J］. 法制与社会，2020（32）：115-117.

④ 焦笑楠，曹延泗. 浅谈我国成人教育的现状与发展趋势［J］. 法制与社会，2019（31）：244-245.

供求双方的社会功利性特质，在一定程度上影响了成人非学历教育的更大范围的推广。① 也因同样原因，成人非学历教育中的社区教育在主体上存在社会组织积极性不高、经费不足的问题；管理上则存在社区大学功能定位不清晰、内部运行机制不成熟和课程建设、教材研发缺乏规划的问题；在监督评价机制方面，则存在资源分散、未能有效利用，具体操作缺乏严格制度的问题②。

四、本章小结

我国成人教育呈现按照学历与非学历进行划分的特征，并以职业教育为重点服务于终身教育体系和学习型社会的建设。经过多年的发展，我国成人教育取得了若干重要成绩，包括促进了我国高等教育从精英化向大众化和普及化转型以及提高学习者收入、缓解农村家庭贫困等。

与此同时，成人教育仍然存在问题。其中，成人学历教育制度建设落后于实践发展，面临职业教育上升通道受阻，而网络教育、成人高考和开放大学又缺乏整合的窘境。成人非学历教育存在未能调动国民终身学习积极性、市场及组织内部管理不力、监督评价机制不完善等问题。成人教育的社会意识尚有

---

① 顾健辉.高校成人教育功利性探析［J］.教育探索，2008（12）：15-16.
② 吴思孝，杨淑珺，王洁曼.浙江省终身教育发展的特点、问题与对策［J］.成人教育，2020，40（9）：77-82.

较大的提升空间，政府需要更好地认识到成人学习者的整体特征和内部差异，进一步建立完善成人学习的制度支持、技术支持以及基础设施支持，鼓励并规范建立民办教育机构，开创成人学历教育新格局。

第三章　我国成人学习者的
学习特征与障碍及分析

　　成人学习者，即成人教育的参与者、受教育者，是成人学习与教育的主体。对于成人学习者的概念，国内外学者根据不同的研究视角和专业领域，对成人学习者进行了不同的界定，这也表明成人学习与教育的复杂性和多变性。广义上来说，在我国，通常认为学习者超过 18 岁后即为成人学习者。也有学者认为这一标准有待商榷，因为从成人教育而言，成人学习者应该是指接受成人教育的在职人员或从业人员，也就是处于工作阶段（包括就业、准就业以及失业状态）的成人。① 另外，美国成人教育学家马尔科姆·诺尔斯（Malcolm S. Knowles）在他的成人教育理论中使用"社会成熟性"作为学习者是否进入成人期的判断标准：他认为，学习者必须担任一定的社会责任，并且其个人的自我认知与对他人的认知达到了社会认可的水平，方可视为成人。②

---

　　① 苗锐仙．我国成人学习者对成人高等教育发展的影响［D］．太原：山西大学，2011.

　　② KNOWLES M S. The Adult Learner：A Neglected Species［M］. Gulf Publishing Company，P. O. Box 2608，Houston，1973.

已有研究认为，成人教育是为成人个体所需而提供的教育活动；由于成人的特殊性，成人教育是以成人为对象，有别于传统教育、相对独立的教育活动。① 因此，厘清我国成人学习者的群体特征，把握成人教育主体的认知与学习规律，是探究成人学习与教育特殊性与重要性的关键一环。

上一章对我国成人学习与教育体系进行了分析，本章将聚焦学习者个人角度展开对成人学习者的规模、分布、学习动机及障碍的分析，并且重点分析成人学习者在线学习的情况。借此，希望能为学习者、教育者和决策者等成人学习和教育的利益相关方提供参考。

一、成人学习者的规模及分布

（一）我国成人学习者的规模

1. 学历教育

我国成人学历教育可分为成人小学（包括扫盲班）、成人初中、成人中专、成人高中、成人专科、成人本科等。2019 年各阶段成人学历教育的在校生规模如图 3-1 所示。

从图 3-1 中可以看出，成人本科教育规模最大，专科教育次之。2019 年，成人本科在校生人数为 341.32 万人，成人专科

---

① 王淑芳，马丽华. 成人教育的理论演进、价值探讨与研究展望 [J].教育与职业，2022（7）：67-73.

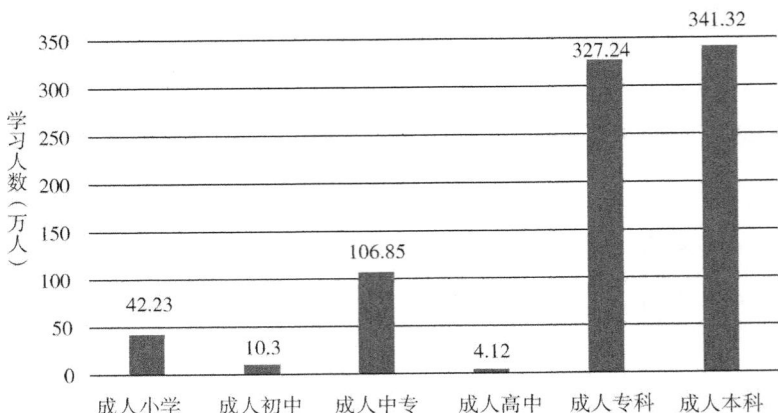

图 3-1 2019 年成人学历教育的在校生规模

资料来源：《中国教育统计年鉴 2019》。①

在校生也达到了 327.24 万人，体现了我国成人学习者对高等教育的旺盛需求。相较而言，2019 年，我国普通本科在校生数为 1750.8 万人、普通专科在校生数为 1280.7 万人。成人高等教育已成为高等教育的重要部分，有助于终身教育理念的传播和学习型社会的建设。而在成人基础教育部分，成人中专生规模最大，达 106.85 万人，成人小学次之，为 42.23 万人②。

图 3-2 则展现了 2010—2019 年各级成人学历教育在校生规模的变化情况。从图中可以看出，自 2010 年以来，尽管中途有

---

① 中华人民共和国教育部发展规划司. 中国教育统计年鉴 [M]. 北京：中国统计出版社，2019.

② 同①.

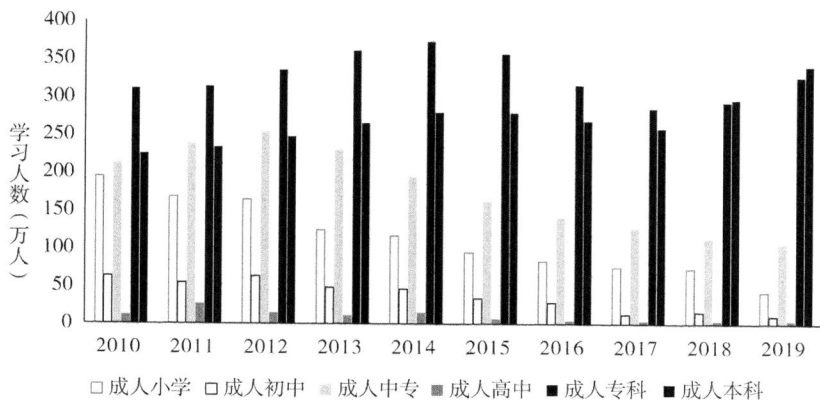

图 3-2　2010—2019 年成人学历教育的在校生规模变化情况

数据来源：《中国教育统计年鉴 2010—2019》。①②

所趋缓甚至下降，但整体而言，我国成人高等教育的规模在上升。其中，2017—2019 年，成人专科在校生规模平均增长率达到 7.2%，成人本科在校生规模平均增长率则高达 14.8%。这不仅有效落实了国家关于构建终身教育体系与学习型社会的政策，也体现了成人学习者对高等教育的需求持续上涨。预计未来将有更多的成人学习者通过成人本专科的途径获得继续教育与高等教育的机会。而成人中小学和中专的学生规模均呈现下降的趋势，这也与我国义务教育、传统基础教育的普及息息相关。

2. 非学历教育

随着信息技术的不断发展、终身教育思想的不断传播，成人学习者对职业培训、社区学习、在线碎片化学习等非学历教

---

① 中华人民共和国教育部发展规划司．中国教育统计年鉴 2010—2014［M］．北京：人民教育出版社．

② 中华人民共和国教育部发展规划司．中国教育统计年鉴 2015—2019［M］．北京：中国统计出版社．

育的投入也呈现持续增长的趋势。

在成人高等教育领域，成人非学历教育具有较为完整的培养体系和质量保障体系。数据显示，2017 年，全国普通高校开展的培训项目为 3136 项，2018 年增长到 4233 项，2019 年继续增长到 6522 项，呈现逐年递增的趋势，年平均增长率达到 44.53%。① 2017 年，高等教育进修及培训注册学生数已近 833.9 万人，同比增长 9.2%；其中，进修及培训时间为 1 个月以内的注册学生数为 427.2 万人，占总数的 51.2%。② 上述数据均体现出成人学习者在进修培训，尤其是短期进修培训中的需求与兴趣。另外，2017 年已有研究生课程进修班注册学生 13.2 万人、自考助学班注册学生 4.5 万人。③

在职业培训、社区学习等领域，非学历教育参与者群体也十分庞大。2017 年，岗位证书培训注册学生数达 205.3 万人，资格证书培训注册学生数达 218.8 万人；产业类培训注册学生数总计达 833.9 万人。其中，676.2 万人参与了第三产业类培训，占比 81.1%。④ 除已注册学生外，有更多的学习者通过在线课程、企业培训、社区学校等途径进行学习，学习者规模难以估量。

总体而言，我国成人学习者对高等教育及非学历成人教育

---

① 王静，张震．我国高校非学历继续教育发展状况调查：基于各高校官网公开数据的统计分析 [J]．成人教育，2021，41（4）：70-77.
② 中华人民共和国教育部发展规划司．中国教育统计年鉴 [M]．北京：中国统计出版社，2017.
③ 同②.
④ 中华人民共和国教育部发展规划司．中国教育统计年鉴 [M]．北京：中国统计出版社，2017.

具有较大的需求和兴趣。尤其是在非学历教育领域，教育规模处于快速扩张时期，具有极大的发展潜力。

（二）我国成人学习者的性别、年龄、地区与专业分布情况

1. 性别与年龄差异

在成人学历教育的各个层级，女性学习者的比例都明显更高。例如，2019 年成人教育在校生男女比如图 3-3 所示。从图中可以看出，成人小学、成人初中、成人中专及成人高中在校生的男女比都在 1∶2 左右，成人本专科男女在校生数相对更接近，成人专科男女比为 1∶1.25，成人本科 1∶1.63。总体而言，女性学习者在成人学历教育中有更多参与度，这一方面可能意味着在学龄时期我国女性未获得与男性同等的受教育机会，因此需要通过成人教育阶段弥补；另一方面，也可能是由于女性学习者在成年后表现出更高的学习意愿，更希望进修学习。

我国成人学习者不仅呈现出明显的性别差异，也呈现出了明显的年龄差异。例如，在学历教育、职业培训等成人教育领域，学习者年龄一般集中在 20~40 岁，并以在职学习者为主。[②] 而在社区中，由于在职人员工作紧张，中青年很难经常性参与社区提供的教育服务，且老年人受身体及家庭因素限制，更愿意就近参与学习，因此，社区教育的主体是老年人及青年群体。[③] 图

---

① 教育部 . 中国教育统计年鉴 2019［M］. 北京：中国统计出版社，2020.

② 朱燕菲，纪河 . 成人学习者的类型与学习成效：基于学习动机和学习障碍的探究［J］. 中国远程教育，2020（12）：18-27，92.

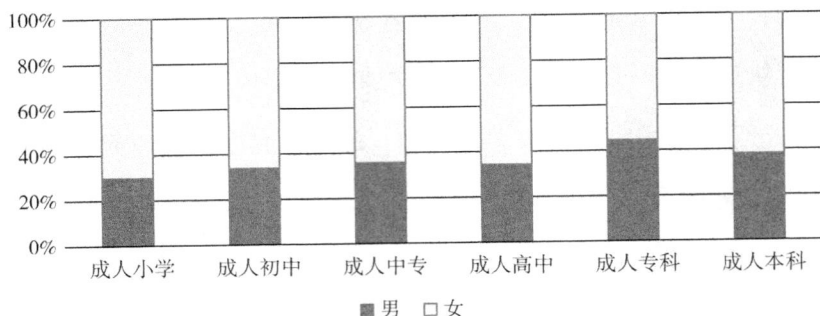

图 3-3　2019 年各级成人教育在校生男女比

资料来源:《中国教育统计年鉴 2019》。①

3-4 展示了 2015 年我国社区教育培训参与者的年龄结构。从中可以看出，参与社区教育的 60 岁以上老年人和青少年分别占比 31.44% 和 20.25%，两者总计占比 51.69%，是社区培训参与人群的主力军。

2. 地区与城乡差异

由于基础教育、学历教育本身存在地区与城乡差异，基础教育落后地区的成人学习者可以通过成人教育弥补，因此也表现出对成人教育的需求与兴趣。然而，受到经济发展及自然环境条件等的制约，成人学习者所接受的教育水平在城乡和地区之间也存在较大差异。

成人教育在内容、目标、方法和资源上都有明显的城乡差

---

① 万蓉. 社区教育与老年教育的融合：以开放教育机构参与老年教育为突破［J］. 教育发展研究，2020，40（17）：46-51.

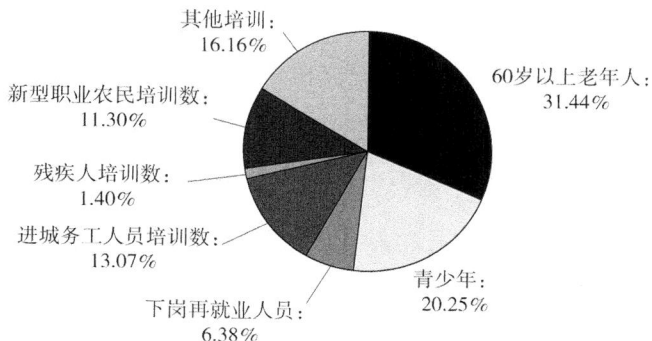

图3-4　2015年社区教育培训人群占比①

异。② 目前，农村地区的成人学习者文化水平普遍低于城市地区，难以具备进行较高层次理论学习的能力③；且农村成人的学习需要通常集中于生产实践与手工作业，因此仍以经验学习为主。④ 乡镇地区成人教育也普遍存在教学环境差、教学设施不完善等问题。随着我国城镇化发展进程的加快，城市地区学生数量暴增、乡镇地区人数锐减，导致乡镇成人教育生源大幅减少，发展面临更大的挑战。⑤

---

① 教育部社区教育研究培训中心．中国社区教育发展报告（2015—2017年）［M］．北京：国家开放大学出版社，2019.

② 王树元．成人教育资源的城乡不均衡分析［J］．中国成人教育，2017（8）：24-26.

③ 孙柏权．基于农村成人学习特点谈农村成人教育实效性的提高［J］．中国科教创新导刊，2011（7）：117-118.

④ 孟祥皎．乡村振兴背景下成人教育供需研究：以寻甸回族彝族自治县J村为例［D］．昆明：云南师范大学，2020.

⑤ 樊勇．新型城镇化背景下农民成人教育转型问题分析［J］．科普童话，2018（45）：25.

和经济社会发展相类似，我国成人教育存在东强西弱的现象。[1] 例如，有研究表明，长三角地区的成人教育规模比其他地区明显更大。高校开展继续教育也得到了相关政策的大力支持，高校开展继续教育的办学效率也较高。[2] 而西部地区成人教育政策扶持力度相对较小，政策落实效率也较低，导致西部地区成人教育没有取得明显的实质性进展。[3]

3. 专业差异

成人学习者对不同专业学习内容的需求与兴趣迥异。以成人高等教育领域为例，2019 年成人本科医学在校生规模达 97.82 万人，管理学在校生 88.41 万人，工学 70.37 万人，是成人本科学习者规模最大的专业前三名，这三个专业的规模之和占总体规模的 76.2%。而后依次为教育学 30.37 万人，文学 20.73 万人，法学 12.96 万人，农学 4.48 万人，理学 4.47 万人，具体比例如图 3-5 所示。此外，成人专科层次教育也与之类似，最为热门的是财经商贸类专业，其次则是医药卫生和制造大类专业。网络教育本专科层次间差异较小，热门专业学科的分布与整体成人本专科教育相似。

在职业培训领域，成人学习者的兴趣主要集中在外语、会

① 蒋华. 我国东、西部地区农村成人教育现状调查比较研究［J］. 职教论坛, 2013（1）：35-38, 80.

② 李宏娟, 王丽娟. 江浙地区高等学校继续教育发展的特色与启示［J］. 电大理工, 2017（3）：11-12, 41.

③ 谢炆炆. 西部地区成人教育发展困境及其对策研究［J］. 成人教育, 2016, 36（6）：82-85.

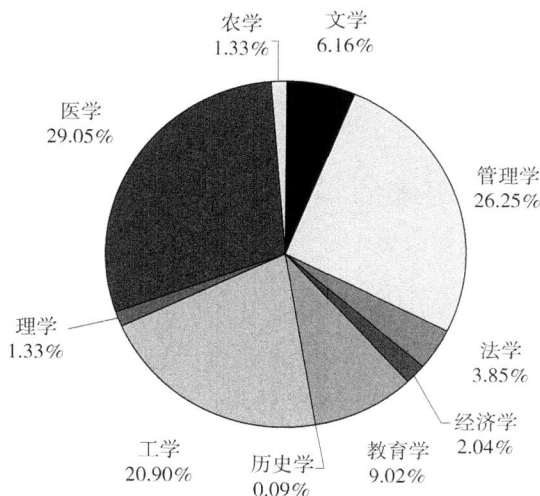

图 3-5　2019 年成人本科分专业学生数（单位：万人）

资料来源：《中国教育统计年鉴 2019》。①

计、计算机等科目中。根据《中国教育统计年鉴》的数据，2010 年，外语科目培训注册学生数为 19.5 万人，会计科目 12.3 万人，计算机科目 15.9 万人。② 遗憾的是，根据本研究的调研，全国关于职业培训的统计数据只更新到 2010 年。

　　总体而言，我国成人学历教育及非学历教育均已形成一定规模，且具有良好的发展前景。其中，成人学习者在成人高等教育、非学历教育中表现出学习需求与兴趣。在不同层次的成人教育中，成人学习者群体在性别、地域、年龄、专业兴趣等方面都展现出不同的特征，成人教育应根据不同学习群体的特

----

① 教育部. 中国教育统计年鉴 2019 [M]. 北京：中国统计出版社，2020.

② 中华人民共和国教育部发展规划司. 中国教育统计年鉴 2010 [M]. 北京：人民教育出版社，2011.

征，考虑学习者的动机、需求及学习行为能力等因素，开展适合学习者的成人学习与教育活动。

二、成人学习者的学习动机及障碍因素分析

在我国社会阶层日益复杂、分工日益细化的背景下，成人学习者表现出高度的多样化和异质性。因此，了解成人学习者的学习动机，是激发学习者学习热情、提高学习效率、优化学习成果的重要前提。近年来，也有许多学者对此进行了研究。同时，许多成人学习者虽具有参与学习活动的强烈意愿却面临一系列阻碍其学习的困难或障碍，导致学习无法正常开展、学习无法持续、学习效果欠佳。因此，本节主要就成人学习者的学习动机与学习障碍进行分析和总结。

（一）成人学习者的学习动机

在已有成人学习理论的基础上，国内学者进一步丰富了我国成人学习者的学习动机理论，并对影响学习动机的因素进行了实践探究。由于不同层次的成人学习者具有不同特征，在学习目标、内容、方式上都有很大的差别，学习动机也大相径庭。因此，本书将分别从学历教育、职业培训、社区教育等不同形式的成人教育对学习者的学习动机进行分析总结。

1. 学历教育

按照动力来源，可将成人学习者的学习动机分为内在动机（求知欲、学习兴趣、自我提高与实现等）和外在动机（获得文

凭、满足他人期望等）。① 而成人学历教育由于其特有的性质，学习者通常体现出两方面的动机，并因此具有持续的学习行动。

一方面，学历教育为学习者提供了较为充足的外部学习动机。在进入就业市场后，成人学习者提高自身学历、满足获得文凭的需求的主要渠道就是成人学历教育。有研究表明，成人选择非全日制研究生教育的需求部分体现在职业发展以及社会认可等方面，非全日制研究生学历也确实给成人职业发展带来了积极影响。② 也有研究表明，参与成人学历教育的学习者多是专业技术人员或行政文员（财务、人事、行政等），他们大多数是为提升学历与升职而来，认为学历教育能够为其未来的职业发展提供更高的竞争力。③ 另一方面，随着终身教育理念的传播，越来越多的成人学习者重视成人学历教育的内在动机，具有持续学习的需求与兴趣。尤其是在网络学历教育领域，提升自我素质、实现自我价值、增强专业技能是成人学习者的主要学习动机，并且也是其能够克服学习困难、保持学习兴趣的重要原因。④

2. 职业培训

职业培训包括成人证书培训（公务员考试、事业单位考试、

---

① 孙文萍．成人学习动机的激发策略研究［D］．南昌：南昌大学，2011.

② 彭伟．非全日制研究生教育对成人职业发展的影响研究［D］．桂林：广西师范大学，2017.

③ 李惠．高校成人学历教育到课率现状分析与对策［J］．当代继续教育，2018，36（5）：20-24.

④ 彭里，陈虹静．网络学历教育学生学习动机调查研究［J］．当代继续教育，2021，39（4）：45-55.

教师资格考试等）和成人技能培训，是指由工作单位或专职培训机构组织开展的具有职业针对性的技能培训。

成人学习者参与职业培训的动机可以分为求知兴趣、能力追求、声誉获取和利他取向等，且强烈的学习动机会显著增加学习者职业能力的提升效果。① 也有研究参考博舍尔（Boshier）提出的"教育参与量表"（Education Participation Scales，EPS）②，将企业员工参与职业培训的动机分为职业发展、认知兴趣、社交接触、外界期望、社会刺激、社会服务等，并通过调查发现职业发展是员工参与培训最普遍的动机。③④

同时，近年来，证书考试的成人学习者表现出对职业培训领域持续增长的学习动机。依据相关研究的调研数据显示，近年来，各类资格证书考试及公务员考试等的报考人数持续增长，考试通过率、录取率下降，竞争越发激烈。⑤ 这可能导致职业培训的需求量逐年提升，同时也表明成人学习者在职业培训领域的学习动机更加强烈和直接。

---

① 赵倩. 学习动机在新生代农民工职业培训与职业能力关系中的调节作用研究 [D]. 成都：西南交通大学，2018.

② BOSHIER R W, COLLINS J B. The Houle typology after twenty-two years: A large-scale empirical test [J]. Adult Education Quarterly, 1985, 35（3）：113-130.

③ 肖凤翔，陈潇. 企业员工参与职业培训的动机调查 [J]. 心理与行为研究，2015, 13（4）：547-551.

④ 吴晓霞. 基于"教育参与量表"模型的图书馆员工学习教育与职业培训动机研究：以重庆市区图书馆为例 [J]. 河北科技图苑，2015, 28（6）：26-29.

⑤ 产业信息网. 2019 年中国成人职业培训行业发展现状及未来发展前景分析 [EB/OL]. （2019-04-17）[2021-09-5]. https：//www.chyxx.com/industry/201904/730682.html.

总体而言，由于职业培训规模较小，参与的学习者具有统一的工作背景或明确的职业发展需求，学习者通常会表现出强烈的外部动机（功利性动机）。因此，组织者应针对学习者的职业发展需求，规划合适的内容，注重提高学习者的学习效率，达到事半功倍的效果。

3. 社区教育

社区教育和职业培训有所不同，前者主要是由社区组织，而后者主要由机构举办，但两者在内容上又有一定的交叉。比如社区教育的内容可以包括职业培训，而职业培训也可以为社区进行定制服务。

参与社区教育的学习者学习动机主要包括：社会交往、获得刺激、学习进步、兴趣爱好等。[①] 可以看出，参与社区教育的学习者外部动机弱、内部动机强，具有很强的独立性与自主性。由于社区学习具有较强的交互性和交互价值，因此，在社区教育开展的过程中，尤其需要注重构建和谐的社区学习环境，构建社区学习共同体，激发学习者的持续学习动机。[②] 同时，社区学习者的年龄层次、文化程度、收入水平不同，需要形式多样、内容丰富的学习活动，满足社区成员的不同学习需求。[③]

---

① 祁伟. 成人居民参与社区学习动机与障碍因素分析 [J]. 中国成人教育，2020（13）：80-83.
② 丁红玲，郭晓珍. 社区学习共同体社会性交互价值意蕴 [J]. 河北大学成人教育学院学报，2019，21（2）：25-30.
③ 宋亦芳. 社区学习者终身学习需求的特征分析：基于 2020 年上海社区三类人群学习需求调研 [J]. 中国职业技术教育，2021（18）：82-88.

（二）学习者的学习障碍因素

通常，成人学习者是已经就业或准备就业的成年人，需要利用工作与家务之余的时间，采用脱产或半脱产的形式学习。因此，学习者虽然在最初决定学习时具有明确的学习动机，但在学习的过程中常常受自身、家庭、工作、社会等众多因素的影响，导致自身学习动机衰减，最终未能坚持学习或未能达到理想的学习效果。

2019 年，联合国教科文组织发布的《成人学习和教育全球报告（四）》① 指出，成人学习者的学习障碍因素主要可归为三类：意向障碍（dispositional barriers）、情境障碍（situational barriers）、制度障碍（institutional barriers）。我国成人学习者的学习也广泛受到了相关障碍因素的影响。

1. 意向障碍

意向障碍是指可能阻碍个人参与学习的主观心理因素，并在很大程度上受到社会政治、经济、文化等各种客观因素的影响。②。

由于成人已经具有一定程度的社会经验，对学习目标与动机具有一定的把握度，主观的学习动机强弱是决定其参与学习

---

① UIL. Fourth Global Report on Adult Learning and Education（GRALE 4）［EB/OL］. Germany：UNESCO Institute for Lifelong Learning（2019 - 12 - 12）［2021-05-20］. https：//unesdoc. unesco. org/ark：/48223/pf0000372274.

② UIL. Fourth Global Report on Adult Learning and Education（GRALE 4）［EB/OL］. Germany：UNESCO Institute for Lifelong Learning（2019 - 12 - 12）［2021-05-20］. https：//unesdoc. unesco. org/ark：/48223/pf0000372274.

活动最为关键的因素。① 在目前的成人学习中，学习者更倾向于将学习看作谋求更好的职业发展的途径，对知识本身的兴趣不足，导致成人学习者的到课率、积极度不高，因而影响了实际的学习效果。②

同时，成人学习与教育的机构覆盖率低，教育理念宣传不到位，导致学生对成人教育的目的和意义缺乏了解和认知，也是意向障碍的一种表现形式。③ 因此，传播终身学习理念、构建学习型社会对于解决成人学习中的意向障碍具有重要的意义。

2. 情境障碍

情境障碍是指学习者在特定时期面临的物质和环境方面的障碍，包括社会环境以及个人工作与生活对学习产生的阻碍因素。④ 在调查研究中，情境障碍也往往被列为第一项障碍，是阻碍成人学习者最多、最现实的因素。⑤

由于成人学习者通常需要在家庭、工作与社会中承担多重身份和责任，其在学习中的时间和精力通常会被其他事务挤占。学习者个人在家庭、工作、生活中遇到的问题和困难，严重阻

---

① 程龙. 全球成人学习与教育参与进展、障碍与行动策略：基于 GRALE Ⅳ的分析［J］. 当代继续教育，2020，38（6）：57-63.

② 李惠. 高校成人学历教育到课率现状分析与对策［J］. 当代继续教育，2018，36（5）：20-24.

③ 孙刚成，张擎. 全纳与公平视域下的成人学习与教育进展：基于 GRALE Ⅳ的分析［J］. 成人教育，2022，42（3）：1-7.

④ 雷丹. 成人参与学习与高等教育改革［J］. 中国成人教育，2016（7）：9-14.

⑤ 陈国华. 成人教育与学习参与障碍研究述评与展望［J］. 职教通讯，2012（22）：42-46.

碍了成人学习者的学习参与，工学矛盾一直是最为重要的学习障碍因素之一。工作压力大、日常业务繁忙；养育子女、赡养长辈占用了过多的时间和精力；交通不便、身体不适等都是阻碍成人学习者的客观现实因素。由于学习者需要长时间地坚持和积累才能完成学习目标，个人生活的阻碍会加剧懈怠和消极情绪。有研究表明，影响成人学习者面授到课的因素中，工作原因最为普遍，且有更多的女性学员需照看孩子和父母，阻碍其最终完成相关学习。①

同时，在情境障碍因素干扰的情况下，学习者的自信心和自我效能感会随之下降，进一步限制和阻碍了成人学习者对学习的投入。例如，在职业培训中，对自身年龄、能力等的不自信以及家人、朋友的不鼓励是成人学习者无法开展学习的极大障碍。② 在社区教育中，社会环境的不支持会导致成人学习者选择退缩和逃避，对学习产生厌烦情绪。③

3. 制度障碍

尽管成人学习者具有独立自主的学习意识，但其参与学习的机会很大程度上受到国家及地区相关制度的限制，即受到制度障碍的制约。

成人教育的边缘化严重阻碍了成人学习者的学习。一方面，

---

① 李惠. 高校成人学历教育到课率现状分析与对策［J］. 当代继续教育，2018，36（5）：20-24.

② 陈潇. 企业员工参与职业培训的动机和障碍研究［D］. 昆明：云南大学，2013.

③ 祁伟. 成人居民参与社区学习动机与障碍因素分析［J］. 中国成人教育，2020（13）：80-83.

目前我国成人学历教育的招生流程、培养流程未得到相关部门的有效监管，教育质量无法保障，导致成人学习者对成人教育机构缺乏信任，阻碍其学习①；另一方面，我国很多农村地区成人教育的发展未得到基层政府的重视，这些地区的相关人员对成人教育理解不足，教育投资、教师招募、生源吸引等因素都阻碍了当地成人学习者的学习。②

由于我国成人教育存在较大的地区发展不平衡，导致部分成人学习者失去参与教育的机会。实证研究表明，农村成人教育具有明显的经济效益，但也存在对低收入家庭而言学习成本偏高的问题，制约了农村成人教育的普及率和发展程度。③　与此同时，目前我国很多边疆地区的成人教育仍存在教育投资不充分、教师水平良莠不齐、学习者学习意识不强的情况，这也严重阻碍了当地成人学习者的学习。④

三、信息技术背景下的成人学习

随着信息技术的发展，成人学习呈现出强烈的时代特征，不再拘泥于传统的教室课堂，而具有更广阔的平台和更丰富的

---

① 张慧. 信息技术环境下成人高等教育转型发展研究 [J]. 时代经贸, 2020 (24)：98-99.

② 潘雪琼. 乡村振兴背景下农村成人教育的现实困境及发展策略 [J]. 现代职业教育, 2021 (16)：92-93.

③ 吴文得. 农村成人教育的成本与收益研究 [D]. 福州：福建农林大学, 2008.

④ 许金灵. 边疆社区成人教育管理的路径探究 [J]. 西北成人教育学院学报, 2020 (6)：24-27.

学习形式。在终身学习教育思想的指导下，在线学习平台在各级各类成人教育中都有所应用，为我国成人学习带来了崭新的篇章。

（一）成人学习者的在线学习方式

通过在线平台进行的成人学习具有与线下学习明显不同的方法与模式。在"互联网+"背景下，为了满足成人学习者个性化的学习需求，一种将个人学习和群体学习相结合的社群化学习方式得到了成人学习者的广泛青睐。这种学习方式具有多点触发、移动化、碎片化、泛在化的特征[①]。对于成人学历教育而言，学习者在明确的目标驱动下，具有高效、简单化的学习模式。而在泛化的成人学习中，学习者的在线学习更加重视自身能力方面的培养和锻炼，且对在线学习体验、阶段性学习效果具有更为强烈的关注。[②]

与线下学习相比，在线学习的一大特点是可以通过在线学习平台，了解学习者的学习进度、作业完成情况、测试情况，对学习者的学习进行过程性的追踪评价。许多研究者也利用成人学习者在在线平台的学习行为表现数据，使用相关性分析[③]、

---

① 王志军，刘璐. 社群化学习："互联网+"时代成人学习新方式 ［J］. 终身教育研究，2018，29（6）：62-68.

② 同①.

③ 郭芳侠，刘琦. 在线学习行为与学习效果的相关性研究：基于 Blackboard 的翻转课堂教学实践 ［J］. 高等理科教育，2018（1）：8-13.

多元线性回归分析①、神经网络分析②③、德尔菲法④等定量与质性研究方法，对我国成人学习者的在线学习行为特征及其影响因素进行了大量的实证研究。这些研究尝试通过构建成人学习者的学习方式模型，分析学习者的在线学习行为特征，并致力于促进学习者的在线学习效果。

　　众多研究成果表明，成人学习者的学习行为受到内外部多种因素的影响，积极的学习行为对学习成绩产生了显著的促进作用。马东宇⑤等人认为，成人学习者的在线学习行为特征是学生学习风格、已有经验和课程教学设计综合作用的结果。李博⑥通过对国家开放大学学习网学习者的在线学习行为进行研究，发现刺激学习者进行学习的内外部条件不同，会导致学习者的学习行为各不相同，并对学习成绩产生正相关的影响。马忠玲⑦则通过研究发现，成人学习者的在线学习行为具有明显的性别差异，且在线学习成绩与学校学习成绩具有显著关联。

　　① 胡艺龄，顾小清，赵春．在线学习行为分析建模及挖掘［J］．开放教育研究，2014，20（2）：102-110.
　　② 郎波，樊一娜．基于深度神经网络的个性化学习行为评价方法［J］．计算机技术与发展，2019，29（7）：6-10.
　　③ 孙发勤，冯锐．基于学习分析的在线学业成就影响因素研究［J］．中国电化教育，2019（3）：48-54.
　　④ 沈欣忆，吴健伟，张艳霞，等．MOOCAP学习者在线学习行为和学习效果评价模型研究［J］．中国远程教育，2019（7）：38-46+93.
　　⑤ 马东宇，莫淑坤，王慧．国家开放大学学习网学生在线学习行为特征研究［J］．广播电视大学学报（哲学社会科学版），2017（4）：100-110+125.
　　⑥ 李博．基于国开学习网的成人在线学习行为研究［D］．沈阳：沈阳师范大学，2021.
　　⑦ 马忠玲．成人在线学习行为与学习效果的相关性［J］．继续教育研究，2021（3）：35-39.

总体而言，把握成人学习者的在线学习行为特征，督促教师及平台方关注成人学习者的学习需求，激发他们的学习动机，有助于成人学习者从中获益，达到更为理想的学习效果。

（二）在线学习环境的建设与发展

建构主义学习理论认为，知识是学习者在一定的情境下通过自主建构形成的；因此，构建理想的学习环境，有助于学习者更好地进行学习——信息技术所能提供的学习环境更好地满足了这一需求。[①]

有学者将在线学习环境分为三个构成要素，即在线学习者自身、在线学习资源、学习支持服务平台。[②] 随着我国信息技术的不断发展、在线学习资源的不断积累丰富，各级各类的成人在线学习平台也得到了长足发展。

目前，大多数成人在线学习者依靠现有的一些综合性在线学习平台，比如一系列的慕课在线学习平台进行学习。也有一些机构创建了独属于成人学习者的在线平台，以满足成人学习者独特的个性化需求，为成人学习者提供专门的成人教育在线学习服务。比如，中国成人教育协会开设了全民终身学习公共服务平台（http：//www. goschool. org. cn/）和终身学习一体化发展平台（https：//www. gttfz. org. cn/），使成人学习者能够更好地在线学习，达到构建终身教育思想的学习型社会的目的。

---

① 向红.建构主义学习环境观与大学翻译多媒体网络教学［J］.科技信息（学术研究），2007（19）：4-5.

② 何曼.国家开放大学教育教学部部长李松：扎根研究与实践做高质量在线教育［J］.在线学习，2021（4）：50-53+80.

另外，各地政府与高校也为成人学习者提供了继续教育服务平台，用于成人学习者的教学管理与在线学习。例如，河南师范大学推出了高等学历继续教育学习服务平台①，为在学校学习的成人学习者提供文字与影音资料，辅助其学习活动。安徽省由政府引领、高校合作，成立了继续教育网络园区，建设了多样化的继续教育线上课程资源库，为学习者输入了大量的优质课程资源②。搭建区域统筹的高校继续教育一体化平台，既为区域高校及教师提供了沟通交流的平台，也有助于区域学习者更快速地获得所需的线上课程资源③。

成人教育机构提供的在线学习的课程质量和服务水平是影响成人学习效果的关键因素。因此，成人教育机构需要为成人学习者提供适应在线学习的课程体系以及充足的在线学习资源。然而，我国很多成人教育机构的教学目标及教学内容基本照搬了面授教育的模式，即使有一定调整也非常有限，这使得在线学习资源仍存在与面授课程相类似、教学方式单一等问题，这在很大程度上限制了互联网环境下成人课程与学习资源体系的构建，使得教学效果欠佳④。有研究者注意到了在线成人教育的

①　河南师范大学高等学历继续教育学习服务平台［EB/OL］．［2021-09-25］．https：//www.jxjypt.cn/hnsfdx/#.

②　赵嘉茜，钱丰收，袁舒雯，等．高校继续教育在线课程资源一体化建设路径探究：基于安徽省实践［J］．安徽开放大学学报，2021（4）：41-47.

③　姚友明，李翔，郑州．区域化高校在线课程建设与应用机制研究：以重庆市高校在线课程资源中心的设立为例［J］．现代教育技术，2020，30（8）：86-90.

④　陈萌．互联网时代下成人教育课程开发新策略［J］．中国成人教育，2018（16）：93-96.

这一不足，并从不同的理论和视角出发为成人教育在线课程体系的建设提出改进意见。①② 目前，在成人高等教育的医学、护理学、教育学等专业领域，已有一些符合在线方式的课程资源投入使用，然而其他学科与领域的情况亟须进一步改善。③

而且，目前社区教育及老年教育等信息化的进展较为缓慢，仍以线下课程为主。这主要是由于学习者（尤其是老年学习者）的信息技术基础较为薄弱，线上社会参与仍处于初级阶段，不便于开展在线教育。④ 因此，应该通过各种方式提升成人学习者尤其是老年学习者的信息素养，更好地推动在线学习环境的建设与发展。

四、本章小结

在本章中，本研究对成人学习的特征、动机、障碍以及信息技术背景下的成人学习展开了讨论。总体而言，成人学习具有很强的主观性，需要通过不同的渠道和手段分析其学习动机，帮助其克服包括意向障碍、情境障碍、制度障碍在内的各种障碍因素，持续激发成人学习者的学习动机。只有维系其对学习

---

① 赵燕. 基于霍尔模式的成人教育课程建设［J］. 中国成人教育，2018（17）：97-99.

② 徐盟盟. 多元智力理论对我国成人教育课程开发的启示［J］. 成人教育，2018，38（4）：69-72.

③ 陈萌. 互联网时代下成人教育课程开发新策略［J］. 中国成人教育，2018（16）：93-96.

④ 洪燕，付晶晶，孔德辉，等. 社区老年人线上社会参与现状及其影响因素的研究进展［J］. 护理学报，2021，28（14）：12-16.

本身的兴趣，才能保证成人学习者的学习效果。由于成人学习过程与其心理、生理状态息息相关，并受到来自社会环境、个人生活情境以及教学环境、学习方法等方方面面的影响。因此，在激发成人学习动机的过程中，需要注意从学习主体出发，合理利用信息技术构建良好的学习环境。

第四章　国际经验与启示

近年来，联合国教科文组织、经济合作与发展组织（以下简称经合组织）、国际劳工组织等国际组织逐步加强对成人学习与教育参与率的监测。如经合组织多次根据成人的识字、数学、问题解决等知识与技能发布《成人技能调查报告》[①]；国际劳工组织关注劳动者的职业教育的社会适应性，为职业教育制定高质量培训体系[②]；联合国教科文组织在 2009 年、2013 年、2016 年、2019 年出版四次极具关注度和影响力的《成人学习和教育全球报告》（*Global Report on Adult Learning and Education*，*GRALE*），旨在综览与评析世界范围内成人教育的实践态势[③]。其中，《成人学习和教育全球报告（四）》（*Fourth Global Report on Adult Learning and Education*，*GRALE* Ⅳ）显示，大约 57% 的

---

① OECD. Increasing Adult Learning Participation：Learning from Successful Reforms ［EB/OL］. (2020-03-13) ［2020-06-03］. http：//www. oecd-ilibrary. org/sites/cf5d9c21-en/index. html？itemId =/content/publication/cf5d9c21-en.

② ILO. Vocational Teachers and Trainers in a Changing World：the Imperative of High-quality Teacher Training Systems ［EB/OL］. (2011-03-29) ［2022-05-07］. https：//www. ilo. org/asia/publications/WCMS_ 170528/lang--en/index. htm.

③ 陶孟祝，高志敏. 国际成人教育发展趋势透析 ［J］. 河北师范大学学报（教育科学版），2019，21（1）：90-98.

国家自 2015 年以来成人学习参与率有所增加，9%的国家呈下降趋势，28%的国家参与率基本未变，余下 6%的国家则因缺乏数据收集系统表示"不清楚"①。由此可见，在国际范围内提高成人学习参与率进程依然任重道远②。

　　因此，许多国家将成人学习和教育作为一项基本人权和共同利益，并将其作为应对未来挑战的关键战略，终身学习也已经成为很多国家的教育优先政策③④。如何破除成人学习者参与终身教育的障碍，实现受教育权平等，有效扩展终身学习机会成为各国实践探索的重要关注点⑤。一些国家在践行联合国教科文组织发展优质教育的各项目标过程中，注意落实实施治理举措，加强筹资制度建设，重视成人学习参与率和质量评估，强调技能与科技深度融合，形成了兼具包容性和公平性的优质终身教育经验⑥。这些在政策、治理、筹资、提质、参与等方面的成功经验和依然存在的挑战，均可为我国成人学习与教育发展

　　① UIL. Fourth Global Report on Adult Learning and Education（GRALE 4）［EB/OL］. Germany：UNESCO Institute for Lifelong Learning（2019-12-12）［2021-05-20］. https：//unesdoc. unesco. org/ark：/48223/pf0000372274.
　　② 张晓超，陈明昆. 全球视域下成人参与学习的障碍及解决路径：基于 GRALE Ⅳ 的分析［J］. 成人教育，2021，41（3）：1-9.
　　③ 何思颖，何光全. 终身教育百年：从终身教育到终身学习［J］. 现代远程教育研究，2019（1）：66-77，86.
　　④ 朱敏，高志敏. 终身教育、终身学习与学习型社会的全球发展回溯与未来思考［J］. 开放教育研究，2014，20（1）：50-66.
　　⑤ LORENZ E，LUNDVALL BA，KRAEMER-MBULA E，et al. Work Organisation，Forms of Employee Learning and National Systems of Education and Training［J］. European Journal of Education，2016（2）：154-175.
　　⑥ 韩晶晶，欧阳忠明. 国际视野下成人学习与教育参与：现状、问题与思考［J］. 中国职业技术教育，2018（30）：64-70.

提供启示与借鉴。

本章将主要选取欧洲、美国、日本、澳大利亚等发达国家和地区的成人学习发展趋势和现状进行考察，通过了解其政策导向、覆盖面、参与度变迁等情况，总结不同模式、不同背景的发达国家成人教育、终身教育体系的构成，以期从国际经验的视角对我国成人学习与教育政策的完善和实践的可持续发展提供有益借鉴。

一、国际经验介绍与分析

（一）制度保障：注重政府立法与政策引导

成人学习与教育的建设和学习型社会以及终身教育理念的推广与国家层面的立法政策密切相关，国家立法和政策引导是成人学习与教育得以顺利开展的必要条件。因此，许多国家先后制订、实施和完善成人学习与教育的战略计划。《成人学习和教育全球报告》的调查数据显示，在参与调查的 137 个国家与地区中，103 个国家与地区已建立相应的政策运行机制；此外，跨国组织也注重制定成人学习相关政策，如欧盟国家在进入 21 世纪后围绕成人学习与教育出台了数十个政策文本①。

合理的制度保证和政策支持是学习型社会和终身学习不可或缺的因素，有助于推动职业教育、社区教育等全民终身学习

---

① 欧阳忠明，尹桐桐，李书涵，等. 成人学习与教育：离《贝伦行动框架》目标有多远？：基于 2000—2019 年的全球实践与发展［J］. 远程教育杂志，2020，38（5）：61-69.

的重要载体的发展，保障广大成人学习者的学习机会。美国成人教育在专业化过程中始终得到政府的支持，第二次世界大战后，美国政府将发展成人教育作为政府的责任和义务，制定《成人教育法》与配套法案，采取立法措施加快成人教育制度化和专业化，通过法律保障政府对成人教育在政策、财政等方面的有力支持①。1964 年的《经济机会法案》规定美国联邦政府必须直接拨款给成人识字教育；1966 年的《成人教育法》要求政府成立教育研究情报中心，全面收集有关成人教育的研究报告和文献资料，极大地推动了美国成人学习与教育的专业化和制度化的进程②。

英国作为现代成人教育的发源地，早在 19 世纪初就开始了广泛的成人教育实践活动③。21 世纪以来，英国整体成人学习与教育相关政策的关键措施呈现出明显的需求导向，尤其以经济发展和雇主需求为主。英国教育与技能部专门针对成人当中处境不利的特殊群体颁布了《为了生活的技能——提高成人识字与计算技能的全国策略》，该策略明确识字、计算和语言是成人的三项基本生活技能，并确立具体量化的年度目标④。为扩大与保障学习者参与终身学习的机会，英国奉行"全国体系，地方

---

①　赵红亚.美国成人教育专业化发展的历史轨迹［J］.河北师范大学学报（教育科学版），2005（6）：85–89.

②　姚远峰，张素娟.成人教育全球发展的历程与展望：来自 UNESCO 的推展［J］.成人教育，2008（6）：9–11.

③　沈启容.现代化视域下社区教育的国际比较［J］.职教论坛，2020（3）：112–118.

④　朱敏.国际终身学习政策推展模式研究［M］.上海：上海教育出版社，2017.

执行"的原则，中央政府设立的教育科学部只发挥对成人教育发展提供所需经费以及指导性建议的作用，不能直接干涉地方成人教育的相关决策和执行，成人学习与教育的具体实践由地方当局根据各地实际情况实施管理①。英国许多大学建立基于互联网的电子学习的"卫星校园"以实现对有需求的社会经济群体的全覆盖。例如为满足英格兰农村沿海和偏远地区的成年女性的学习需求，相关部门采用大学和私人培训机构合作的形式，在农村地区发展定向机构，扩大偏僻地区成人学习与教育的参与程度②。

其他许多发达国家与地区也在立法方面不断完善，力图推进成人学习与教育的公平性、公益性与开放性。欧盟相关法律要求定期统计其公民参加正规学校教育和非正式的继续教育与培训的情况，制定了成人教育资历框架。法律和政策的强制规范同样也是推动日本成人学习发展的关键因素，日本是世界上率先颁布终身教育法律、制定终身教育政策的国家之一，关于终身教育法律和政策的研究形成了自身特色，具有相对成熟的经验③④。日本自第二次世界大战后，先后通过《学校教育法》

① 霍玉文，黄艳丽．发达国家成人学习权保障策略类归及其启示［J］．继续教育研究，2016（6）：49-52．乐传永．英国成人教育改革与发展的主要特色及启示［J］．陕西师范大学继续教育学报，2006（1）：19-23．

② LIDO C, REID K, OSBORNE M. Lifewide Learning in the City: Novel Big Data Approaches to Exploring Learning with Large-scale Surveys, GPS, and Social Media［J］. Oxford Review of Education, 2019, 45（2）：279-295.

③ 宋倩．美、日终身教育推进机制的比较研究［D］．福州：福建农林大学，2013．

④ 牧野笃．日本终身学习政策的特征和动态平衡过程的社会［J］．教育科学，2012，28（1）：75-82．

《社会教育法》《终身学习振兴法》等一系列法律，保障成人教育和终身学习的相关法律政策具有权威性和稳定性，并通过宣传教育理念唤醒民众学习意识。澳大利亚强调国家的主导作用，终身学习被确定为政府的优先发展战略①。澳大利亚政府将学校教育作为建立终身学习型社会的基础，从基础教育到高等教育，在各级教育的人才培养方案中，都要求贯彻终身教育理念，整合课程、教学和评估，为学习者离开学校、踏入社会后拥有接受继续教育的能力打下良好基础②。

（二）经费保障：资金多渠道与主体多元化

《贝伦行动框架》（*The Belém Framework for Action*）是联合国教科文组织于 2009 年在巴西所举行的第六届国际成人教育会议（CONFINTEA Ⅵ）中通过的，该行动框架以《汉堡成人学习宣言》（*Hamburg Declaration on Adult Learning*）和《1997 年未来议程》（*The Agenda for the Future of* 1997）为基础，记录了成员国的承诺，并从终身学习的角度为全球成人教育的发展提供了战略指导③。《贝伦行动框架》将目标定为 6% 的国民生产总值分

① 陆建平. 终身教育理念背景下的澳大利亚职业与技术教育改革［J］. 高等教育研究，2007（3）：69.

② 林钧. 国外学习化社会理论与实践研究［M］. 北京：中国经济出版社，2013.

③ CONFINTEA Ⅵ, Belém Framework for Action：Harnessing the Power and Potential of Adult Learning and Education for a Viable Future - UNESCO［EB/OL］.（2010 - 05 - 03）　［2020 - 06 - 03］. https：//uil. unesco. org/adult - education/confintea/belem-framework-action.

配到教育领域，成人学习与教育的额度应不低于公共教育支出的 4%①。因此，各国在强调国家和政府在政策推广中主导作用的同时，也在积极引导社会力量参与成人学习与教育体系。

根据联合国教科文组织终身学习研究所 2018 年发布的《五大区域成人学习与教育的发展进步报告》②，全球范围内成人学习经费投入教育支出中的比重总体有所提升，但情况仍不容乐观③。具体而言，在全球最为富裕与发达的欧洲和北美地区提交报告的 23 个国家中，7 个国家的提升比例仅为 0.1%~0.4%，6 个国家的提升比例为 0.41%~3.99%，仅有 10 个国家的提升比例超过 4%；在亚太地区提交报告的 15 个国家中，只有 3 个国家的提升比例超过 4%；在撒哈拉以南非洲的情况就更加不容乐观。④

表 4-1 列出了近 20 年全球成人学习与教育经费投入的发展情况。从中可以看到全球越来越多的国家与地区提高了教育支出占 GDP 的比重，占比达到 6% 及以上的国家与地区数从 14 个增长为 22 个后又增长为 44 个，但是成人学习与教育支出占公共

---

① 何爱霞，孙纪磊.全球成人学习和教育的进展、挑战及应对：基于《成人学习和教育全球报告（四）》的分析［J］.现代远程教育研究，2020，32（3）：51-59+80.

② Five regional reports examining progress in adult learning and education ｜ UIL（unesco. org）［R/OL］.（2018-04-05）［2020-06-03］. https：//uil. unesco. org/a-dult-education/confintea/five-regional-reports-examining-progress-adult-learning-and-education.

③ 王燕子，辛思娜，欧阳忠明.构建响应型成人学习系统：有效获得可持续发展的技能：OECD《有效获得技能：为未来做准备的成人学习系统》报告解读［J］.远程教育杂志，2019，37（5）：56-65.

④ 同③.

教育支出超过 4% 的国家与地区数却增长较为缓慢。除此之外，据成人学习和教育全球报告（GRALE）中关于全球成人学习与教育经费投入的统计情况看，近 20 年来，经费投入的总体效果不尽如人意，各国与地区的成人教育资源和健康、基础设施、社会福利等关键领域呈现较为复杂的经费竞争形势，且成人教育的相关政府部门间缺乏协调①。

表 4-1　近 20 年全球成人学习与教育经费投入的发展情况

教育支出占 GDP 比例	GRALE 1（2009）	GRALE 2（2013）	GRALE 3（2016）	GRALE 4（2019）
教育支出占 GDP 支出 6% 及以上	14（总体数据，国家与地区数为 47）	22（总体数据，国家与地区数为 70）	44（总体数据，国家与地区数为 183）	无数据
成人学习与教育占公共教育支出 4% 以上	无数据	22（总体数据，国家与地区数为 97）	22（总体数据，国家与地区数为 97）	28（总体数据，国家与地区数为 107）

数据来源：联合国教科文组织《成人学习和教育全球报告（四）》。②

资金保障方面，许多发达国家通过各种途径拓宽成人学习与教育的经费来源渠道。如美国，成人学习与教育经费主要由政府投入，但是社会力量也积极参与，在职教育和培训的教育开支来源渠道丰富，提供资助主体呈现多元化趋势，包括高校、

① 欧阳忠明，尹桐桐，李书涵，等．成人学习与教育：离《贝伦行动框架》目标有多远？：基于 2000—2019 年的全球实践与发展 [J]．远程教育杂志，2020，38（5）：61-69．

② UIL. Fourth Global Report on Adult Learning and Education（GRALE 4）[EB/OL]．Germany：UNESCO Institute for Lifelong Learning（2019-12-12）[2021-05-20]．https：//unesdoc. unesco. org/ark：/48223/pf0000372274.

企业、财团、慈善基金会等非政府组织（Non-Governmental Organizations，NGO）、私人组织（private organization）等，营利组织也广泛参与成人学习与教育活动，私人基金会也逐渐成为成人学习与教育的重要参与者。政府承担的经费份额则由联邦、州、当地三级按照受益原则进行分担①。再如英国，该国通过学习与技能委员会对继续教育机构和个人提供一定的国家拨款，建立个人学习账户保证专款专用，拓展产业大学，建立新的学习机构与平台以消除障碍，鼓励个人、雇主的学习型投资与培训等，为学习者提供大量继续学习机会②。和英国不同，企业是法国成人学习与教育的主要资助者，法国《继续职业教育法》规定：企业职工应享有带薪培训的假期，在培训期间应照发工资；拥有 10 名以上雇主的企业必须强制性为成人教育提供基金，还必须支付教育税；国家每年对成人教育进行财政拨款时应支付参加培训者的工资。因此，法国企业在成人学习与教育方面的经费投入上是欧盟均值的两倍③。法国成人教育的另一特色是针对不同的受众，实施多种多样的成人教育培训方案，这种教育的灵活性极大提升了法国成人教育的有效性。

欧洲还有许多其他发达国家也为保障成人学习与教育的经

---

① 杨子舟，龚云虹．美国当代成人教育探略［J］．教育与职业，2016（19）：23-27.

② 宋宝瑜．英国继续教育新进展解析与启示［J］．继续教育，2009（2）：63-64.

③ 王静．欧美成人教育对我国成人教育发展的影响［J］．成人教育，2012（2）：125-126.

费，推出了相应的保障政策①。多个欧洲国家实行"带薪教育休假制度"，全职工作者每年都可享有存入个人培训账户中的免费带薪培训时间②。瑞典对成人学习与教育提供充足的经费是其成人学习与教育发展态势良好的关键，中央、郡、市三级政府分别负责承担 56%、14%、30% 的成人学习与教育经费投入，并且政府会发放额度高、范围广的成人助学补助和津贴，很大程度上提高成人学习积极性，进而有效保障成人学习权③④。

（三）体系保障：构建资历框架，完善认证形式

经过多年发展，发达国家对成人学习与教育的认证逐渐发展出日趋完善的体系，通过构建资历框架和学分银行建设或相类似体系，推动社会终身学习的文化与氛围。这类资历认证体系，激发成人投入学习的积极性，有效推动了成人学习与教育以及终身学习的发展。⑤

在重视终身学习成果方面，丹麦是欧洲公民教育支出最高的国家之一，丹麦教育部建立资历框架，整合大学创新资源，根据学习成果设立八个等级的学位和证书，用知识、技能和能力表达学习效果，政府作为重要引导角色，为丹麦终身学习体

---

① 王善安．法国成人教育概述及启示［J］．中国成人教育，2018（23）：95-98.

② 吴雪萍，于舒楠．法国职业教育改革探析［J］．中国职业技术教育，2010（9）：82-86+92.

③ 汤秀丽．立法保障市场导向政策引导：瑞典职业教育发展的特色［J］．职教论坛，2014（28）：83-86.

④ 郭伟．瑞典成人教育的特色［J］．继续教育研究，2010（1）：48-49.

⑤ 李锋亮，张非男．学分银行的收益分析与估计［J］．中国远程教育，2014（6）：49-55.

系奠定基础，向各行业输送大量高水平的专业化人才。① 日本同样建立弹性、多元的成人学习与教育的评价体系和应用机制，如弹性学分制、学位授予多级化，根据不同层次、不同学习需求和水平的成人掌握技能的领域和水平，给予他们正式的资历认定。对于种类繁多、多渠道的知识和技能的认证，日本主要根据其获得的方式、过程、机构等，设计出与学历认证不同的评定标准来评定结果并且授予相应等级的资格证书或从业许可。资格证书制度的确立为个体从事职业或专业活动提供了准入证件，提高了成人终身学习的积极性，扩大了成人学习者的队伍。除此之外，日本还有很多集各类学术与文化活动于一体、具有公共性质的终身学习中心，将身心障碍等特殊困难群体也纳入成人学习与教育体系②③。

美国在认证形式方面同样有着丰富的多样化经验。例如，美国制订了校外毕业证书计划（External Diploma Program），这是给未能取得学校毕业证的成人学习者专门开辟的取得毕业资格的重要途径。该计划有别于学校教育，对成人学习者的学习成果检验不再采用传统的学校测验方式，而是根据其在生活中掌握的知识与技能，经过测定和评价，由大学或州政府所属机构或独立教育机构颁发相应的毕业证书。美国还设置了个人发

---

① 林雪，李健. 丹麦终身学习资格框架的深入探讨［J］. 教育教学论坛，2020（51）：13-15.

② 李晓红. 日本成人教育的基本经验及其对我国成人教育的启示［J］. 继续教育研究，2015（9）：124-126.

③ 姜雪. 日本终身学习立法的特色与启示［J］. 中国成人教育，2016（13）：133-135.

展账户，资助中低收入群体开展教育培训等成人学习活动。美国的个人发展账户项目主要可以分为两种：一是企业作为主要资助者为学习者设置的个人学费账户系统；二是老年人为支持晚辈的学习而为其开设个人发展账户。而且美国的个人发展账户具有极大的灵活性，各州设立的发展账户都有自己的特点①。

此外，随着跨国家跨地区的人才流动，各国面临全球教育一体化的挑战，欧盟、东盟、英联邦等已尝试构建资历框架对接与学分的跨国互认。② 本研究认为这可能会进一步带动全球成人学习与教育的发展。

（四）渠道保障：形式多元，学习型城市与资源整合

成人学习与教育资源整合，离不开学习型社会、学习型城市建设的推进。因此，学习型城市是《2030年可持续发展议程》全球行动的重要组成部分，2019年联合国教科文组织终身学习研究所与哥伦比亚麦德林市联合举办的第四次国际学习型城市大会，通过《麦德林宣言》，要求为学习型城市的建设提供源源不断的政策和法律支持、人力支持、财力支持、物力支持、技术支持、方法支持、环境保障等，进而推进学习型城市可持续发展并且推动包容和可持续发展的理念融入社区③。

在澳大利亚，成人学习者基于自身需要在工作环境及要求

---

① 宋孝忠. 终身学习认证的理论与实践［M］. 北京：中国水利水电出版社，2013.

② 张伟远，段承贵. 终身学习立交桥建构的国际发展和比较分析［J］. 中国远程教育，2013（9）：9-15.

③ 邱德峰，钟长婷，于泽元. 新时代学习型城市建设的基本要点与未来走向：基于《麦德林宣言》的启示［J］. 教育科学论坛，2021（12）：19-25.

的变化中继续学习和接受培训。澳大利亚以经济和社会发展为基本价值取向，根据企业雇主和雇员的实际情况制定各种策略，形成从学校到其他地方的无缝过渡①。澳大利亚职业教育培训机构的招生打破年龄限制，极大助力全民终身学习：其职业技术教育学院（Technical and Further Education，TAFE），鼓励已经离开学校的成人随时回到学校，在培养目标上重新审视职业能力，使成人学习者尽快适应课程安排和灵活多样的教学方式②。目前，职业技术教育学院已经成为澳大利亚成人教育和培训尤其是信息技术学习的最佳场所之一③④。

日本终身教育政策同样不断朝着多元化方向转变。在激励政策方面，日本政府不遗余力开展各种形式的终身学习活动，引导、激励国民融入终身学习的氛围。日本政府一方面在学校的正规教育领域，开展多样化社会服务和体验活动，重视提高学生的终身学习能力；另一方面在非正规教育领域，通过采取弹性的学位授予计划、制定技能资格制度和授予资格证书来激发国民的终身学习积极性。日本政府还充分发挥非营利团体（Non-Profit Organization，NPO）的作用，开放公共设施，完善社

---

① 朱敏．澳大利亚的终身学习政策［J］．中国远程教育，2008（1）：71-74.

② 同①.

③ MCLNTYRE J. Where Do Australian Adult Learn ［EB/OL］.（2003-08-01）［2020-06-03］. https：//ala. asn. au/public/docs/report/oz_ learn. pdf.

④ 杨子舟，龚云虹．美国当代成人教育探略［J］．教育与职业，2016（19）：23-27.

会教育的基本设施，促进社会教育的推进。①

此外，许多发达国家针对成人开展能力评估项目，如2012—2016 年，欧盟实施"欧洲终身学习创新发展与人力资本追踪调查"项目，调查企业发展与终身学习的关系；德国专门在 2012 年实施了面向老年人的能力测试，主要包括老年人群阅读、数学和问题解决这三大基本能力，并根据调查内容改进终身教育体系②。

多国还加强信息技术在成人学习与教育领域的应用。英国利用信息通信技术的普及程度推动成人教育信息化，建立提供网络教育资源的英国全国学习网，成为欧洲最大的教育门户网站③④。德国政府一方面通过"阿波罗"教育培训项目，用现代信息传播技术向弱势群体开展扫盲工作，帮助相关群体获得最基本的终身学习能力；另一方面，利用"二次在线机会"搭建计算机互联网的学习平台，为成人学习者提供所需的学习资源，没有参加正规学校培训的成人学习者也可以通过这一项目取得良好的学习效果⑤。

---

① 朱敏 . 国际终身学习政策推展模式研究 ［M］. 上海：上海教育出版社，2017.

② 侯定凯 . 国际成人学习监测项目比较及启示 ［J］. 终身教育研究，2020，31（5）：68-75.

③ 张华 . 英国教育信息化的特点及其启示 ［J］. 教育评论，2003（6）：98-101.

④ 吴雪萍，金岳祥 . 英国的终身学习政策述评 ［J］. 比较教育研究，2004（2）：55-59.

⑤ 高志敏，高宛芝 . 德国推进终身学习新方略 ［J］. 开放教育研究，2007（2）：95-99.

（五）研究推动：开展调研，保证成人学习与教育相关项目的质量与效果

为保证成人学习与教育相关项目的质量与效果，很多国家对成人学习与教育进行了系统的调查与研究。欧盟就有由三项调查组成的成人教育发展监测体系架构（Education and Training Monitor），分别为成人教育调查（Adult Education Survey，AES）、欧盟劳动力调查（EU Labour Force Survey，EU-LFS）、继续职业培训调查（Continuing Vocational Training Survey，CVTS）。成人教育发展监测体系架构从个人与企业的角度分别收集相应数据，从技术和设施等不同质量维度评价教育质量，共同推进监测工作的开展。成人教育发展监测体系架构的三项调查皆由欧盟统计局（Eurostat）统一组织，并与各成员国的国家统计局（National Statistical Institutes，NSI）相配合[①]。

新冠疫情对各国教育均带来了严重的冲击与影响，也使得各种形式的远程开放教育取得长足发展。美国各州基于疫情影响，允许地方部门在政策框架和实施指南基础上自行修订绩效评估政策，同时将成人教育转向线上教学模式，为各州成人教育部门提供实践学分修读、线上考试测评、远程教育师资等方面技术援助[②]。欧盟开发了分析远程开放教育质量的研究框架，从专业设计、教学实施、资源等角度聚焦数字教育中如何利用

---

① 张晓超，陈明昆. 欧盟成人教育监测体系及其对我国的借鉴价值［J］. 中国职业技术教育，2020（33）：41-47.

② 徐卓宇，江凤娟，夏仕武. 新冠肺炎疫情冲击下美国成人教育政策的调整：基于《成人教育与家庭扫盲法案》的疫情补充条款［J］. 中国成人教育，2021（8）：56-59.

技术展开能力培训，并于 2020 年 9 月底发布了《数字教育行动计划（2021—2027 年）》，详细列出了提升数字教育生态系统发展的行动规划①。

二、国际经验的启示

（一）加强顶层设计，注重政府立法与政策引导

综观欧美等国，可以观察到成人学习与教育体系的构建有赖政府的顶层设计，国家立法和政策引导是成人教育得以顺利开展的必要条件。国家一方面需要制定法案，确立成人学习与教育的目标和原则，规定劳动力市场中劳动者进行培训、提升技能的要求；另一方面还需要注意政策引导，让社会各方积极参与②。

因此，本研究认为我国也应通过立法设立相关劳动培训资助项目，鼓励企业开展培训，并通过政策引导建立资历框架或学分银行激励成人学习者进行终身学习。而且政府不仅需要出台一系列的政策文本，在政策实施全过程，政府也应保持领导作用，在成人学习与教育的薄弱环节和领域，自始至终支持特殊困难群体破除文化传统上的情境障碍、化解基础设施和课程费用等制度障碍、消弭参与成人学习活动的态度和信念等意向

---

① 董丽丽，金慧，李卉萌，等．后疫情时代的数字教育新图景：挑战、行动与思考：欧盟《数字教育行动计划（2021—2027 年）》解读［J］．远程教育杂志，2021，39（1）：16-27.
② ELFERT M. Lifelong learning, global social justice, and sustainability［J］. International Review of Education，2021，67：555-558.

障碍，全面提高成人参与学习的积极性。

（二）加强财政支持，丰富资金来源渠道

国家教育财政经费占国内生产总值的百分比是反映国家教育投入的重要指标，成人学习与教育占公共教育支出比例是衡量成人教育在整个教育体系中地位的重要指标。对于上述两个指标，欧美等国都非常重视。除此之外，欧美等国发现在当前成人学习与教育体系不断发展，需要构建学习型社会的情况下，单凭公共资金无法满足日益高涨的社会需求，因此需要充分发挥社会资源支持成人学习与教育的作用①。

因此，本研究认为我国在促进成人学习与教育体系的可持续发展过程中，一方面需要打破传统教育体系的壁垒，充分调动大学、企业、社会组织、社区等多主体的支持，创造更多非正规和非正式教育机会，在协调各方利益的同时，形成协同的成人学习与教育治理理念。另一方面，应注意借鉴欧美等国经验，建立相应措施推动特殊困难群体参与工作场所学习，例如个人账户学习制度、带薪休假制度、代金券制度、职业发展机会等②。通过发展与完善激励制度，吸引多方主体将资金投入成人学习与教育。

（三）整合教育资源，利用新技术提高治理水平

国际经验告诉我们整合不同教育资源的重要性。为此，本

---

① 谢国东．走向美好未来的生活与学习：成人学习的力量联合国教科文组织"第六届国际成人教育大会"综述［J］．中国成人教育，2010（6）：5-6.
② 孙纪磊，何爱霞．"不让任何一个人掉队"的承诺实现还有多远?：基于《成人学习和教育全球报告》各国参与情况的分析［J］．现代远距离教育，2020（5）：26-32.

研究建议我国相关政策应该加强成人教育与高等教育的政策联结、成人教育与职业教育的政策融合，消除各级各类学校之间的隔阂，实现不同层次的成人教育领域的贯通；把社会整个教育和培训机构与渠道加以整合，利用现有学习资源，更好地为成人自主学习服务；鼓励市场主体参与开展成人学习与教育活动，在丰富成人业余生活的同时保障成人多样化的学习需求。

此外，应该加强对成人学习与教育体系的治理。本研究建议在对成人教育体系进行评价时，要从结果评价转向各环节的能力建设，逐步形成各个部门协同参与成人学习与教育管理的体制机制，完善管理模式，建立监测与评估机制。随着信息技术尤其是人工智能的不断发展，治理手段可从实体化向数字化转变，拓宽人工智能在成人学习与教育中的应用。

（四）加强调研与监测，建立成人学习保障机制

欧美等国非常重视对成人学习与教育情况进行调研、跟踪与监测，以建立起相对完备的成人学习保障机制，保证成人学习与教育的健康发展。因此，本研究认为我国也应该在国家层面建立成人学习与教育的监测机制，开展监测工作，定期记录和跟踪成人学习与教育的发展情况，以有效和可靠的定量和定性数据来为政府提供决策服务。

三、本章小结

从全球成人学习与教育的实践进程看，欧美等发达国家的发展路径总体趋势为注重政府立法与政策引导，主办机构从单

一化向多元化转变，资金来源渠道从以政府为主向多渠道筹措经费转变。具体包括：建立连续、灵活的政策体系，推动终身学习与教育立法，进一步开拓多渠道经费来源，增加成人学习的经费投入，将惠及特殊困难群体作为重要优先事项，加强公民教育政策及课程建设，建立成人学习成果认证和学分转换机制，定期评估与监测。

然而，全球成人学习与教育依然面临严峻挑战，包括但不限于：全球很多国家对成人学习与教育仍然缺乏重视，相关政策有待完善，资金匮乏，特殊困难群体参与成人学习和教育的比例偏低，公民教育仍旧是成人学习和教育的"洼地"，成人学习和教育监测数据存在偏差。因此，我们需要借鉴发达国家的相关经验和理念，从研究、干预、机构贯通、动员、实施、评价、监测、宣传和引导等方面推动成人学习与教育的体系建设。

第五章　政策建议

本章是本研究最后一章，将根据前面各章的内容为我国成人学习与教育事业的发展提出相关政策建议。本章分别从制度、机构和个人三个层面进行论述。

一、制度创新与变革

（一）整合顶层设计

完善成人教育法制建设，发挥行业主管部门或协会作用，推进相关规划和实施办法的制定与完善。健全继续教育激励机制，推进继续教育与工作考核、岗位聘任（聘用）、职务（职称）评聘、职业注册等人事管理制度的衔接，支持用人单位为从业人员接受继续教育提供条件。加强继续教育监管和评估。针对我国成人学历教育存在的自学考试式微、其余三种形式难以统筹的问题，需要在顶层制度层面兼并成人高考、开放大学和网络教育，积极开展开放大学与双一流高校合作办学项目，[①]

[①]　李欣，成灵勇. 关于我国成人高等学历教育现状及改革的思考 [J]. 高教论坛，2020（8）：85-89.

继续建立健全跨部门继续教育协调机构，将成人学习与教育纳入区域、行业总体发展规划。

（二）保障资源支持

政府应加强对成人学习与教育的财政经费支持。政府一方面责无旁贷需要对成人学习与教育体系进行长期稳定的经费投入，另一方面需要对民间团体以及企业团体举办的成人教育给予支持，并通过法律政策加以保障，从而解决成人教育资金缺乏的问题，进而有效地激励各种形式的成人学习与教育的蓬勃发展。在公共设施服务上，政府应加强图书馆、博物馆、文化馆等公共基础设施的建设。并且，政府的财政支持要向农村地区倾斜，保障城乡成人学习与教育资源的均衡。

（三）完善监管与评估

鉴于我国当前非学历化教育尤其是社区教育管理效率低下等问题，建议建立政府主导的资源整合平台并设立地方社区教育站点整合查询平台。建立完善的国家职业资格认证体系，对学有所成的成人颁发学习证书和资格证书。此外可探索建立统一的成人教育质量评估机构，以便对成人学习者的学习进行长期的跨地域考核评价，进一步促进学习成果互融互通。

（四）确保多元化

由于成人学习者横跨多个年龄段，背景多样，所面临的社会环境也不同，因此需要制定包容、差异化的政策，满足所有成人的学习需求。此外，成人教育应当与普通高等教育和职业教育接轨，构建分层分类的专业技术人才继续教育体系，通过资历框架或"学分银行"实现学习成果转化，提高成人教育内容的社会认可度，从而调动社会学习者的积极性。

（五）为全民建立个人学习账号

根据艾媒咨询（iiMedia Research）的报告可知，目前我国支付宝活跃用户已经超过 7 亿人，其中 24 岁以下的用户占33.5%，24～40 岁的用户占 47.4%，41 岁及以上的用户占19.1%[①]。这 7 亿多人能够成为支付宝的活跃用户，说明他们能够熟练使用互联网，能够将自己的银行账号绑定互联网的个人账号，并且用于实际的支付。而如果考虑到微信超过 11 亿人的活跃用户[②]，我国的大部分成人都已经是互联网的活跃人群。

然而，目前无论是学术界还是产业界似乎都未曾发布权威的关于我们国家"学习活跃"人群的报告。这或许从侧面说明我们国家目前很少有专门面向普通民众的学习平台，拥有自己的个人学习账号还是非常小众的事情。

其实，早在 2016 年，教育部就发布了《教育部关于推进高等教育学分认定和转换工作的意见》，该意见明确提出要"搭建国家公共服务平台"，要"建立个人学习账号，对学习成果进行原始记录并长期保存，为学分认定和转换提供服务"。只是这个倡议目前似乎没有取得太大的进展，而且即使取得了较大的进展，也仅仅是高等教育子系统的事情，没有扩展到全民教育中来。

---

① 艾媒咨询．数据中心［EB/OL］．［2022－05－03］．https：//data.iimedia.cn/page-category.jsp？nodeid=24733950.

② 腾讯．腾讯公布二零一九年第三季度业绩［EB/OL］．（2019－11－13）［2022－05－05］．https：//www.tencent.com/zh-cn/investors/financial-news.html.

本研究建议应该尽快为尽可能多的人设立起类似于个人银行账号的个人学习账号。如果一开始难以做到个人学习账户的全民覆盖，可以先基于微信、支付宝、学习强国等已经比较成熟的互联网平台或者 App，为互联网活跃人群建立个人学习账户。建立个人学习账户后，每个人都能够对照自己的学习账号，对自己的学习进行督促与管理，进而促进自己的终身学习（可以参照计步器对一些人长年累月步行与锻炼的促进作用、读书打卡对一些人坚持阅读的促进作用等）。

在运行一段时间后，国家应给每个公民创建个人学习账户，而公民自身有义务配合国家建立学习账户。在这个过程中，除了各级政府要参与领导，还要积极引入社会力量，尤其是让市场介入。比如一个公民可以在不同的"公共服务平台"建立不同的"学习账户"，让不同的"公共服务平台"在竞争与合作中发展、完善。

有了海量的学习账户，再将个体学习行为、学习经历、学习成果的原始信息记录下来，通过大数据分析的方法，将有助于相关学习理论的发展，进而提高整个社会的学习效率。更为重要的是，有了学习账户后，每个公民就如同有了银行账户、支付宝账户一样，可以存储、兑换自己的学习成果。①

---

① 李锋亮. 建设学分银行，构建服务全民终身学习的教育体系［J］. 高等职业教育探索，2020（4）：1-6.

二、机构合作与协调

成人教育不仅是政府或教育部门的工作，而是全社会都须共同参与的事情，企业、劳动部门都应为成人提供学习的机会与场所。成人教育的发展需要充分开发政府市场多主体合作资源，发挥社区教育机构、县级职业教育中心、老年教育机构的作用，提升人力资源开发度，各参与机构主体应加强能动性与联动性。

（一）搭建与完善学习平台，帮助成人学习者克服学习障碍

考虑到成人学习者在学习中经常会遭遇各种学习障碍，而在线学习平台可以为成人学习者提供交互式的学习支持服务，由个体学习转换为团队的学习，建立学习共同体，进行更丰富有效的沟通交流。[1] 因此，成人教育机构应注重搭建与完善学习平台。一方面需要注重平台学习资源的建设，提供丰富完备的在线课程体系，并根据学习者的学习档案与学习行为，掌握学习者特征，不断改进教学方式和内容；另一方面了解学习者需求，为他们精确提供课程信息和学习建议，并促使他们通过团队进行更有效的学习。

（二）提供丰富多样的学习资源，并扩大推介力度

机构要向成人提供丰富多样的学习资源，让成人有符合自

---

[1]　唐文辉. 激发成人学习动机的策略探析［J］. 成人教育，2017，37（12）：14-16.

己的需要与特征的学习资源可学。我国早就有了网络公开课和慕课，但是有研究发现，虽然网络公开课和慕课在高等教育业界"很火"，但在实际应用中热度并不高。①

之所以出现这种情况，可能有以下两个原因。其一，网络公开课或者慕课对外宣传与推广不够，导致更需要得到这些学习资源的人群根本不知道学习信息。其二，目前提供网络公开课或者慕课的主体比较单一，无法满足不同群体的学习需要与学习特征。本研究统计了"学堂在线"的开课单位，发现大部分还是研究型大学，很少有职业院校提供开放课程。因此，很多关于生活知识、生产知识的学习需求目前没有在供给侧得到体现，这反过来可能又导致网络公开课或者慕课在成人学习与教育方面得不到广泛应用。

为了克服目前的窘境，有必要从供给侧向成人提供丰富多样的学习资源，并扩大宣传力度，让更多的成人能够根据自己的学习需求与学习特征，自由选择学习资源进行自主学习。成人教育机构应该加大移动学习资源（包括各种公开课、慕课、微课等）的建设，降低学习的准入门槛，让普通学习者能够在平常有机会学习、有能力学习。这不仅是教育机构的职责，大众媒体、自媒体甚至学习者个体也可积极参与，长短视频、语音文字都可以成为学习资源的载体，这些丰富多样的学习资源对于学习账户而言就可以成为学习过程中的"货币"了。当个体有了自己的学习账户，那么学习经历与学习成果相当于"货

---

① 伍优. 大学慕课的传播现状研究：以"学堂在线"慕课平台为例[D]. 成都：四川师范大学，2017.

币"一样记录存储在学习账户中，可以使身边更多的人了解学习资源，有助于扩大学习资源的宣传与推广。①

（三）借助区域一体化建设，打通学分认定和转换通道

有了学习账户也有了丰富多样的学习资源，接下来就是调动成人的学习积极性。如何从机制上消除成人学习者的学习惰性？这是构建学习型社会的关键所在。而打通个人学习账户的学分认定和转换通道，将是一个可行机制。

本研究建议应该号召更多的教育机构与社会机构参与推进学分认定和转换的工作。如果储存在个人学习账户的学习经历与学习成果能够在一定程度上实现一些教育或者社会机构的学分认定与转换，就能帮助个体学习者抵挡学习倦怠、减少学习惰性。具体而言，可以借助区域一体化建设，实现区域范围内学习者的学分认定与自由转换。目前，我国很多区域或者城市群正在进行一体化建设，比如京津冀、长三角、珠三角、长株潭（长沙、株洲和湘潭）等。这些区域一体化建设既要实现经济一体化，还要实现教育一体化，"学分银行"的建设就既有助于教育一体化的建设，也有助于经济一体化的建设。欧盟的学分积累与互换系统在欧盟一体化的大环境下就能够在欧盟不同国家间实现，而欧盟的学分积累与互换系统又在很大程度上促进了欧盟不同国家居民的学习、交流与迁移。② 相信如果在我国

---

① 李锋亮. 建设学分银行，构建服务全民终身学习的教育体系［J］. 高等职业教育探索，2020（4）：1-6.

② 李锋亮，张非男. 学分银行的收益分析与估计［J］. 中国远程教育，2014（6）：49-55.

现有的区域一体化建设项目中推行区域性质的学分认定和转换通道，两者必将相互促进。本研究强烈建议长三角地区尽快在区域内推行已经在上海建立并且运行的学分认定和转换通道，这也必将提高整个长三角地区的教育资源整合程度，促进长三角人力资源的自由流动，推动长三角地区的经济增长与一体化进程。

（四）提升师资并优化教学策略

目前，我国成人教育的师生比低于正式教育，教师队伍的综合素养也仍有很大的提高空间。因此，成人教育机构要注重增强教师培训，提高教师队伍的专业知识水平和教育教学水平，提高成人教育教学质量，使成人学习者对成人教育机构有认可感、归属感，以激发成人学习者的学习动机，促进成人教育事业的进一步发展。

成人教育机构要尊重教育市场导向和成人学习者的个性化需求，在课程设计和授课内容上满足成人学习者的个性化需求。在教学过程中，教育机构和教师应该通过激励、鼓励的方式，使成人学习者产生内在的驱动力，帮助其成功实现既定的学习目标。例如，在语言教学的过程中，使用多媒体资源吸引学习者的注意力，同时不断激发学习者进行口语的练习，提高语言教学的趣味性，有效地增强学习者的自我效能感，激发学习志趣。① 由于成人学习者通常具有明确的实用性目标，课程参与程

---

① 曾淑卿.动机激发教学策略应用于成人英语口语课堂教学中的作用［J］.教育教学论坛，2018（11）：197-198.

度可以直观反映课程的有效性以及学习者对相关知识的兴趣程
度。因此，应注重对学科和教学内容的调整，对学习者的需求
进行及时的回应。

三、个体积极参与

（一）提升学习观念与能力

对于成人学习者而言，需要破除"唯学历"的观念。只有
学习者转变观念，才能让成人非学历教育有别于学校教育的灵
活性、自主性和终身性特点彰显出来。除此之外，现在的成人
学习很多是以信息技术为载体，是基于在线方式参与在线成人
学习，学习者需首先确保自身具有技术前提。成人学习者应该
主动提升自身信息化素养，积极利用时时能学习、处处能学习
的资源条件。

（二）构建学习共同体

良好的人际互动建立起来的学习氛围对促进成人学习起着
不可小觑的作用。在家庭中，家庭成员间的相互督促、相互支
持、相互谅解，小型学习共同体的构建、学习型家庭氛围的营
造，都是可以激发成人学习者学习动机的有效策略。在社区中，
社区机构提供的优质教育服务，社区居民自发开展的学习活动，
能够有效地带动学习型社区的建立，激励更多的社区居民继续
学习。对于成人学习者所在工作单位来说，用人单位应重视员
工的职业培训，建立有助于其学习交流的平台。设置激励机制，

将员工学习成果转化为工作成果，也是有效营造学习氛围的策略。

（三）学习者自己为学习付费

成人学习者通过学习获得了知识，有助于自己收入的增加，按照"谁受益，谁付费"的成本分担原则，学习者自然应该通过付费的方式分担成人教育的成本。

前期有研究发现，对于成人学习者而言，那些为了自己事业的发展、收入高、年龄与工龄大、平常支出较少的学习者个体更有可能为学习自掏腰包。① 这从侧面说明成人学习者用户为了满足自己的学习需求是愿意为学习付费的。因此，成人教育机构可以有意识地挖掘那些有一定的事业发展抱负、收入高、有一定工作经验、平时消费并不太积极的群体，从供给侧方面刺激他们的学习需求，并且要想办法将有关成人教育的信息有效传递给这些群体。

最后，成人学习与教育需要政府、社会、行业、企业以及学习者的有力参与和紧密配合，才能实现可持续发展。

---

① 李锋亮，张旭红，张少刚. 谁为远程教育付费：从普通培训和专门培训角度 [J]. 现代远程教育研究，2010（4）：20-26.

相 关 资 源

资源平台

国家开放大学学习网 http：//www. ouchn. cn/

全民终身学习公共服务平台 http：//www. goschool. org. cn/（社区治理、家庭教育、职工教育、老年教育、乡村振兴、学习公社）

中国成人教育协会 https：//www. caea. org. cn/

全民终身学习活动周 http：//www. llaw. org. cn/

中国社区教育网 http：//www. shequ. edu. cn/

中国成人教育协会培训中心 https：//www. forlearn. com/

中国教育网络电视台 http：//www. centv. cn/

联合国教科文组织远程教育资源 https：//www. unesco. org/en

政策参考

农村职业教育与成人教育示范县展示与交流平台 http：//sf. ouchn. edu. cn/

联合国教科文组织终身学习研究所成人学习资源链接 https：//uil. unesco. org/library

联合国教科文组织《关于成人学习与教育的建议书/Recommendation on Adult Learning and Education》，https：//unesdoc. unesco. org/ark：/48223/pf0000245179

研究报告

联合国教科文组织终身学习研究所《成人学习和教育全球报告（四）》中文版，https：//unesdoc. unesco. org/ark：/48223/pf0000377912（不让一个人掉队：参与、包容和公平）

联合国教科文组织终身学习研究所《成人学习和教育全球报告（二）》，https：//unesdoc. unesco. org/ark：/48223/pf0000223449_chi（反思基本读写能力）